智元微库
OPEN MIND

成 长 也 是 一 种 美 好

婚——不——伤

离——受

易轶

小米

著

人民邮电出版社

北京

图书在版编目（CIP）数据

离婚不受伤 / 易轶，小米著. -- 北京：人民邮电
出版社，2022.5
ISBN 978-7-115-58984-2

Ⅰ．①离… Ⅱ．①易… ②小… Ⅲ．①婚姻－通俗读
物 Ⅳ．①C913.13-49

中国版本图书馆CIP数据核字（2022）第048954号

◆ 著　易　轶　小　米
责任编辑　黄琳佳
责任印制　周昇亮

◆人民邮电出版社出版发行　北京市丰台区成寿寺路 11 号
邮编 100164　电子邮件 315@ptpress.com.cn
网址 https://www.ptpress.com.cn
河北京平诚乾印刷有限公司印刷

◆开本：880×1230　1/32
印张：8.25　　　　　　　　2022 年 5 月第 1 版
字数：218 千字　　　　　　2022 年 5 月河北第 1 次印刷

定　价：69.80 元
读者服务热线：（010）81055522　印装质量热线：（010）81055316
反盗版热线：（010）81055315
广告经营许可证：京东市监广登字 20170147 号

序

放下执念，放自己一条生路

幸福的婚姻总是相似的，不幸的婚姻却各有各的不幸。

这句流传甚广的名言，也是我执业十余年来感触最深的一句话。

近年来，随着社会经济的不断发展，民众受教育程度的不断提高，人们的婚姻家庭观念也发生了重大变化，离婚率呈现大幅上升的趋势。人们发现，很多青梅竹马最终分道扬镳，很多天作之合最终劳燕分飞，而那些本就不被看好的婚姻更是脆弱得不堪一击。白头偕老似乎成了天大的难题，这让很多人对婚姻充满了悲观情绪。

家理律师事务所自 2016 年成立以来，承办过数千起婚姻家事案件，遇到过的不幸婚姻难以计数。婚姻不幸的原因五花八门：

出轨、家暴、不知足、心理脆弱、喜欢抱怨、三观不合、性格不合、婆媳矛盾、缺少同理心、缺少责任心、道德观念淡薄、缺乏感情基础、缺乏经济基础、拼命控制对方、完全依赖对方，等等。昔日伴侣走到最后，或是撕破脸皮，宛若仇人；或是无言以对，和平散场。

美国著名婚姻家事学者亚娜·辛格曾提出："大部分家庭纠纷不是纯粹的法律问题，而是与社会发展和情感经历交织在一起的问题。这需要合作性、系统性和跨领域的干预措施以克服家庭中存在的障碍，满足家庭情感上的需要。"多年来，我们在帮助解决各种婚姻家事案件的同时，也在思考如何经营好一段幸福的婚姻，探索婚姻与家庭的本质。

那么，婚姻还值得期待和信任吗？我们还可以继续走下去吗？

其实，每个人最终都会走向死亡，但这不妨碍我们乐观地活好每一天。人生不过是一个体验的过程，生命如此，爱情如此，婚姻也是如此——它应该是尘世间男女互相扶持的温暖，绝非充满怨气的委屈和妥协。放下执念，减少功利心，降低期望值，多一些宽容，少一些抱怨，接纳不完美的生活，接纳不完美的彼此，对婚姻的恐惧自然就会少很多。

而这些，恰恰是维持幸福婚姻的秘诀。

不过，如果一段婚姻真的让你累了、让你绝望了、让你看不到未来了，与其让所有的感情都变成怨恨、让所有的憧憬都变成负累，不如冷静下来，放自己一条生路，及时止损，轻装上阵，早日摆脱这段不幸的婚姻，尽快开启全新的生活。

往者不可谏，来者犹可追！人的一生总是充满了选择，只要心中充满希望和勇气，总会找到一条适合自己的路。

可能有读者会问：我看别人失败的婚姻难道不会对婚姻更加悲观和恐惧吗？恐惧永远来自未知。我们讲述离婚案件不是为了让人们对婚姻更加恐惧，而是告诉你一段真正的婚姻应该是什么样子的。书中的故事都出自家理律师们的亲办案例。所有出现的人物均已化名处理，并非真名。通过阅读本书，你能看到婚姻经营之难，也能看到情感崩塌之易。

书中既有家理律所的办案过程，也有小米老师的心理分析。我们希望用通俗易懂的语言，系统地为你介绍婚姻里的法律问题，包括财产分配、子女抚养、房产归属等法律内容，知识点密集，输出大量干货，帮助你真正解决生活里的难题，为婚姻上道法律保险；同时结合心理学知识，通过各式各样的心理测试，教你学会调整自身心态，悦纳自己，和伴侣一起更好地经营一个家庭。法律案例和心理指导共同配合，无论待婚者、已婚者还是离婚者，都能从中得到法律与情感上的帮助。

相爱容易相守难，愿天下有情人皆成眷属，愿所有深情者不被辜负！

易轶

目 录 Contents

第 1 章

大 男 子 主 义

真正的婚姻不仅要
求相爱，而且要求洞察
对方的内心。

遭丈夫轻视的妻子怒诉离婚，律师助双方解决矛盾并和好

◆ 我喜欢在每一枚结婚戒指内侧刻上彼此善待的祝福。这是婚姻的黄金律，也是让爱持久的秘诀。

许女士第一次来律所咨询的时候，刚做完流产手术两个月，那时是冬天。北京的冬天向来寒冷，冻得人忍不住浑身发抖，许女士的脸却比这冬日还冷。在温暖的室内，她仍然裹着厚厚的棉服，嘴唇发白，气色不是很好，脸上的表情淡淡的。她坚持要离婚，当场就办理了委托手续。律师给许女士端来一杯热茶，她双手捧着。透过热茶缓缓升起的白气，许女士坚硬的表情渐渐柔和

了下来，她缓缓地向我们讲述起了她的婚姻。

2011年11月，26岁的许女士和28岁的沈先生经人介绍相识，半年后开始恋爱。认识两年后，许女士和沈先生登记结婚，婚后感情一直很好。为了在北京安家，二人决心认真打拼事业，努力赚钱买房。经过夫妻俩的努力，许女士和沈先生在结婚后的第三年买了房子。让许女士没想到的是，房子非但没有让婚姻变得稳定、幸福，反而激起了更大的婚姻危机。

2015年，夫妻俩看中一套220多万元的房子，首付款需要100多万元。沈先生支付了70多万元，许女士支付了20多万元，两边父母各支援了5万元。许女士还向朋友借了15万元，总算付清了首付款，剩余120万元房款使用了公积金贷款，每月需还贷6000多元。在购房出资上，沈先生多出了50万元。沈先生每月收入将近3万元，许女士每月收入1万多元，因此沈先生觉得自己付出的多，认为许女士占了自己的便宜。为了家庭和睦，许女士并没有与沈先生计较。房子交付后，许女士将独居的母亲接来北京同住，同时，夫妻俩准备要孩子。

2017年，许女士第一次怀孕但不慎流产，沈先生不仅不关心爱护妻子，还和许女士及其母亲发生了争执。沈先生声称："买房的钱都是我赚的，你们给我滚出去。"这次争吵以沈先生写了一份不再乱发脾气的保证书告终。2017年年底，许女士再次怀孕，但是胎儿发育不全，许女士不得不做了流产手术。沈先生及其家人再次向许女士母女发难，两家人发生了较大的冲突。沈先生要求离婚，并说房子主要是用他赚的钱购买的，应归自己，限许女士在 3 个月内搬出去，他愿意在 6 年内支付许女士 100 万元的折价补偿款。许女士无法接受沈先生提出的苛刻的离婚条件，同时对沈先生失望透顶，就委托我们提起离婚诉讼。

结婚 7 年，许女士认为沈先生对她缺乏应有的尊重和关爱。沈先生是严重的大男子主义，要求许女士对他言听计从，同时自认收入、存款较多，对房产购置贡献更大，每次争吵都让许女士及其母亲"滚出去"。沈先生的行为导致夫妻感情急剧恶化，但他非但没有反思自己，反而在妻子流产后不久就威胁要离婚。许女士表示自己心力交瘁，只想尽快摆脱这段婚姻，但必须争取到应得的财产利益。

在诉讼过程中，李婧德律师发现沈先生和许女士的感情并未完全破裂，只是丈夫长期处于强势地位，妻子长期容忍，导致双方无法平等沟通，夫妻矛盾日益加深。第一次开庭前，沈先生就向法官表明自己不愿意离婚，但事后却并未对许女士有所表示。得知丈夫的态度后，许女士非常纠结。李律师及时告知撤诉的风险：一是离婚时限会变长；二是沈先生没有做出挽回感情的实际行动，二人的根本问题没有解决，和好只是暂时的。因此，许女士同意由李律师继续推动离婚诉讼进程。后来，沈先生终于做出实际让步，主动承诺将房产赠与许女士。在李律师的指导下，沈先生和许女士签署了财产协议并公证，约定75%的房产归许女士，沈先生只保留25%。随后，许女士撤诉，双方重修旧好。

从法律上讲，这个案件并不复杂，只涉及离婚诉讼的请求权以及夫妻共同财产制的问题。但是，本案利用离婚诉讼来推动谈判，从而化解夫妻双方矛盾的经验值得借鉴和推广。

第一，在生育的特定时期，丈夫的诉权受到限制。许女士找到我们时，刚刚做完流产手术两个月。按照《中华人民共和国民法典》第一千零八十二条的规定，女方在怀孕期间、分娩后一年内或者终止妊娠后六个月内，男方不得提出离婚。所以说，此时，沈先生没有离婚诉讼的请求权，只有许女士可以提起离婚诉讼。

第二，婚后工资收入属于夫妻共同财产。来律所咨询的客户中，像许女士和沈先生这样的夫妻并不少见——收入较高的丈夫常常出言嘲讽收入较低的妻子，妻子的一再容忍使丈夫越发有优越感，夫妻俩失去平等沟通的机会，最终导致双方感情恶化。但是，我国实行的夫妻法定财产制是共同财产制，按照《中华人民共和国民法典》第一千零六十二条的规定，婚后夫妻双方的收入，均属于夫妻共同财产。从法律上讲，夫妻双方的所有收入都是一人一半，收入较高的一方看不起收入较低的一方完全没有法律依据。在离婚时，沈先生以自己收入比妻子高为由要求多分房产，也是毫无依据的。

第三，利用诉讼推动夫妻间的谈判。在第一次开庭前，沈先生向法官表明不想离婚，同时劝说许女士撤诉，但是他不肯低头认错，案件陷入僵局。李律师认为，在沈先生没有实际行动之前，撤诉会让许女士在家庭中处于更加被动的地位，同时也会无限拖延离婚诉讼。在司法实践中，被告不同意离婚，原告需要提起两次态度坚决、明确的离婚诉讼才能结束婚姻关系；如果原告中途撤诉，下次起诉需间隔六个月，且不算一次态度坚决、明确的离婚诉讼，离婚期限将无限延长。因此，撤诉于许女士不利。同时，如果许女士匆忙撤诉，可能助长沈先生的优越感，让夫妻双方继续处于不对等的地位，无益于双方矛盾的解决。在李律师的指导下，我们运用离婚诉讼使原本处于弱势地位的许女士获得了谈判的优势地位，最终成功挽救了这段濒临破裂的婚姻。

沈先生向法官表明不想离婚，并要求许女士撤诉。对律师来说，许女士选择撤诉，我们的工作就已经完成了，但是这并不符合律所的价值观，我们希望能够终局性地解决当事人的婚姻问题。李律师坚定地认为，在沈先生没有明确认错、在财产上未做出实质让步的情况下，许女士匆忙撤诉会使自己的家庭地位更加尴尬。

在本案中，收入较高的丈夫轻视、责骂收入较低的妻子，认为家里的财产都是自己挣来的，据此认定自己高妻子一等。丈夫持有这种想法，对平等的夫妻关系的建立是致命的。在这种情况下，妻子想要争取自己的地位，就应该算清双方对家庭的付出以及自己应得的财产份额。于法而言，夫妻双方所有婚后收入均为共同财产，丈夫要求多分财产没有法律依据；于情理来说，妻子为家务劳动、生育付出较多，要求分得一半财产也完全说得过去。美满婚姻的前提是保持平等的夫妻关系。因此，夫妻二人都应确立并守护好自己的边界，在对方冒犯和僭越时及时提醒，在必要时也可采用诉讼的方式打破不平等的现状，使双方关系实现平衡，找回婚姻最初的模样。

在婚姻关系中，一方咄咄逼人、一方一再妥协退让并不是健康的夫妻关系应有的样子，况且有时候，婚姻里一方的妥协退让并不是表示"我错了"，而是表示"我还爱你"。当一方自以为是地把另一方的妥协退让当作纵容，肆无忌惮地挥霍时，对方的爱意被消磨殆尽之日，就是婚姻走到尽头之时。

共同成长，共同获得滋养

美国最有影响力的心理治疗师之一、处理婚姻关系的权威约翰·戈特曼博士一生都专注于研究如何获得婚姻幸福。他总结出4个最容易导致亲密关系破裂的因素：批评、蔑视、防御、筑墙。人们将这4个因素形象地称作"末日四骑士"。

批评是指亲密关系中的一方直接对另一方进行人身攻击。批评和"提意见"有很大的不同，"提意见"强调的是"就事论事"，是表达人们对事物所产生的看法或想法。比如，我打碎了一个碗，你可以说："你把碗放在了桌子边，所以它才摔了下去，你太粗心了。"你还可以提个意见："下次小心一点，把碗摆放在安全的位置。"体贴的伴侣会说："没受伤就好，吓到你没？下次我来吧。"乐天的伴侣会说："岁岁平安！万事大吉！"也有的伴侣会抱怨："这已经是你这个月摔坏的第三个碗了，我真的很无奈，我们又都很喜欢易碎的餐具。"在这里，我要告诉你一个小秘密："抱怨"的内心语言是在"求抱抱"，他们不是真的生气，聪明的你也许可以从中嗅到"撒娇"的味道。尽管应对的方法这么多，我仍然见过很多夫妻，哪怕是打碎一个碗这样的小事，都会小题大做，升级到批评、指责、人身攻击的程度："你这个人就是粗心大意！什么都不会做！一点小事都做不好！"我听到这些话的时候内心总在想：是爱人重要还是碗重要？

蔑视意味着一方瞧不起另一方，经常采取辱骂、讽刺、嘲讽和贬低的方式对待另一方。本案中的沈先生，因收入较女方高而心存优越感，并一贯以比较高的姿态、用难听的话语攻击女方，甚至扬言："买房的钱都是我赚的，你们给我滚出去。"从"蔑视"的功能性看，这样做似乎只能起到贬低对方、抬高自己的作用。当我们用蔑视、辱骂、嘲讽、贬低等方式攻击对方的时候，对方往往只能感受到我们对他的厌恶之情，从而得出"我是不被你喜爱的、在你心中我毫无价值"的结论。如果发出蔑视与嘲讽信号的一方认为这是在采用"激将法"，那就大错特错了！激将法的使用也要看清楚对象、分清楚场合，不能滥用。尤其是当过去的批评、指责积蓄许久，爱人的自尊心早已被碾轧、踩碎时，蔑视、嘲讽就相当于再给婚姻一击，使婚姻关系向瓦解迈进了一步。

防御包括正常的愤怒、拒绝、反击——攻击对方、辩称"我没有错，错的是你"。如果情感双方沉浸在无休止的你攻我防、我攻你防中，那么冲突永远无法解决，相反，它会使原本紧张的局势进一步升级。一定要得出谁对谁错似乎是许多伴侣吵架的终极目标，经常会有些男士站出来说："疼老婆就是要在争吵的一开始就承认都是自己的错。"也会有"久经情场"的人说："吵架时，谁先认错谁就输了，所以不能做输家！"在婚姻中，没有人可以独自赢。爱情是追求"合二为一"的，人类具有追求情感依附的本能。因此，只有两个人拥抱在一起、互相支持，双方才能获得情感上的满足，而你"错"我"对"、我"赢"你"输"只能分裂两个人，增加彼此间的距离。

筑墙就是竖起一道隔绝信号的墙，不再接受对方的任何信号，也就是我们常说的"冷战""冷暴力""逃避"。或许在筑墙者看来，这是一种自我保护，这样做看起来可以平息"战火"，"我不出声，就没有争吵"。久而久之，一旦双方都筑起了墙，解决争端的希望就彻底破灭了，婚姻也就走到了终点。本案中的许女士正是采取了"筑墙"的方式，长期忍受着丈夫的批评、蔑视，用回避的方式来避免争吵，怎奈容忍唤不起丈夫的觉察与反思。为自己的幸福做出必要的争取，才是本案当事人维持婚姻的关键。

批评、蔑视、防御、筑墙，这4个因素都是婚姻的杀手。

我想，许女士在律师的帮助下，最终通过法律手段让丈夫用明确的行为表达他对维持这段婚姻的态度与决心。从这一点上来说，丈夫是真心希望挽回婚姻的，可能这也是许女士舍不得这段婚姻，一而再、再而三地采取隐忍手段的原因——我还是能感觉到你爱我、你需要我，你只是不会表达爱、不会感受爱、不会经营爱。

我特别喜欢说一句话："可恨之人，必有可怜之处。"这个"可恨"不是道德方面的谴责，也不是真的"憎恨"，而是说，让我们感觉不好、引发我们负面情绪的人，内心一定有他可怜、脆弱、需要被满足的部分。

比如一个人总爱蔑视别人，喜欢通过贬低对方抬高自己，那么他的"可怜之处"是什么呢？有一种理解是，只有内心非常自卑，而又无法承受自我贬低的后果的人，才会把这种攻击转向外界，通过压低对方获得价值感。换句话说，本案中的沈先生贬低的不是爱人，而是他自己。他用房产、收入这些物化的东西来证明自己的优越，反而是因为他内心非常担心失去爱人。

与"末日四骑士"相反的，是倾听、尊重、回应、关爱。倾听，不但听言语，更专注地获得对方言语外的、内心深处所表达的信息；尊重，接纳对方的想法与感受，尊重彼此的许多不同之处；回应，对对方所表达的需求予以真诚、关切的回应；关爱，因为爱是合二为一，所以尝试感受对方的感受，愿意陪对方一起面对生活中大大小小的事情。

只有做到以上四点，双方才能在亲密关系中共同获得滋养，在爱的关系中共同成长。我们期待本案中的这对夫妻能够珍惜这次机会，尊重彼此，让婚姻重新启航。

第 2 章

抢 子 大 战

幸福的婚姻是双方站在彼此的立场上共同解决问题，而不是在一段关系中活成不相关的两个人。与其正面冲突，不如合理让步，给彼此留出时间反省。

男方暴力抢子藏匿近三年，律师助女方拿回孩子抚养权

> 我爱你一直到月亮那里，
> 再从月亮那里回到这里来。

"由 A 地前往北京的旅客请注意：您乘坐的航班现在开始登机。请带好您的随身物品，出示登机牌，由 4 号登机口登机，祝您旅途愉快，谢谢。"广播员甜美的声音回荡在机场大厅。一名女子怀抱着一个小男孩急匆匆地向候机大厅跑去。孩子像是懂得母亲的焦虑，安安静静地待在母亲的怀里。"悦悦，你先赶紧把孩子带走，我和你妈断后。"紧跟其后的父亲催促她。她一边担忧自己

年迈的双亲，一边迫切地希望赶紧登机。时间一点点流逝，马上就要过安检口了，突然身后响起一阵嘈杂的声音，女子向后一望，如临大敌，心里的绝望一阵阵翻涌上来。

来的有十几个人，阵势颇为浩大，有男有女，年龄都在二三十岁，为首之人一把抓住女子的胳膊，声音尖利地喊道："把孩子放下，不准带走，孩子是他爸爸的。"女子的父母此时刚好气喘吁吁地赶上来，赶紧站在女儿旁边，护着这母子二人，场面一时紧张了起来。不知道是谁先动了手，就像一滴水溅入沸腾的油锅，所有人乱作一团。机场工作人员发现情况，连忙通知了派出所。警察赶到后将这一行人全部带回，了解事情经过后决定暂时将孩子留在本地。

精心筹划的安排全被毁了。女子望着被带走的孩子小小的背影，又看到父母身上的伤痕，像是掉进了冰窟窿。她惊慌失措地打开手机，拨通律师事务所的电话，还没等电话那边的人开口就忍不住号啕大哭："怎么办，我的孩子被抢走了。"

这名女子叫郑悦，身材娇小，性格温和，几年前经人介绍认识了在北京某企业工作的段佳良。二人于 2009 年结婚，2012 年，郑悦诞下一子段小弟。婚后二人先和郑悦的父母住在一起，后搬到她父母购买的房屋中，孩子一直由郑悦及其父母照顾，而郑悦也不太乐意经常带孩子去爷爷奶奶家，有时一周去一次，有时一个月去一次，段佳良父母对此颇有微词。夫妻二人还因为此事争吵过几次。后来，两家人因抚育段小弟及购房等事宜发生了严重冲突。2015 年 8 月，段佳良从家中搬出，在北京租房另居。

2016 年 3 月，郑悦第一次起诉离婚，要求获得孩子段小弟的抚养权并分割婚后一套房产。本以为往后的日子会就此走上正轨，不料，在 2016 年 5 月初的一天，郑父带着小外孙在游乐园玩耍时，段佳良借口要看孩子，趁机将孩子带走，送回了老家。郑悦得到消息后，发了疯似的寻找孩子的踪迹。她询问朋友、跑到段佳良的工作单位，却得知段佳良有段时间不去上班了。她不肯放弃，最终从一个朋友那里得知在段佳良的老家见过孩子。郑悦如同抓住了救命稻草，赶紧和父母订机票飞到段佳良老家，成功找到孩子后直奔机场，结果就发生了上文那一幕。

此后，郑悦多次向段佳良、法院提出探望孩子的要求，但始终未能如愿。郑悦心急如焚，常常失眠到天亮。孩子现在怎么样？吃得还好吗？住得怎么样？那么小的一个孩子，他还什么都不知道，就被带到一个很远很远的地方，身边都是陌生人，他会不会一直哭着找妈妈？一想到这里，郑悦的心都要碎了。

2016 年 11 月，因段佳良不同意离婚，法院判决不准了双方离婚。同时，段佳良拒绝郑悦探望孩子。为了帮助郑悦尽快见到孩子，代理律师多次请求法官介入调解，解决离婚诉讼期间的探望问题，但都因段佳良拒不配合而不了了之。为了尽快让郑悦见到孩子，代理律师再次以监护权纠纷申请立案，最终法院以监护权之诉立案。开庭前，法官建议郑悦在离婚诉讼中一并解决孩子抚养问题，郑悦撤诉。

离婚诉讼期间一方阻止另一方探望孩子应当如何救济呢？在离婚诉讼期间，为了防止孩子被夺走，孩子实际抚养方可能会阻止对方探望孩子。在一些明星涉及年幼子女抚养权的离婚诉讼中，我们也经常见到这样的情况。本案中，段佳良抢走孩子后，为了避免郑悦抢回孩子，他始终拒绝郑悦探望孩子。即使多位法官数次组织调解，郑悦也未能在离婚诉讼期间见到孩子。无奈之下，郑悦提起了监护权之诉，这显然给法院出了一个大大的难题。

郑悦一开始提的是探望权之诉，但是法院认为探望权只能是离婚后不直接抚养孩子的那一方才能享有，建议按照监护权诉讼进行立案。按照《中华人民共和国民法典》的规定，父母是未成年子女的监护人，这一点不因父母婚姻状态的改变而发生变化。按照现行法律的规定，此案法院只能按照监护权纠纷立案。但是对主审法官来说，如何处理监护权、抚养权、探望权的关系是个很大的难题，同时考虑到女方马上可以提起第二次离婚诉讼，主审法官劝女方撤诉，没想到的是，第二次诉讼又拖了两年多。因此，我们认为在离婚诉讼期间，夫妻间存在一方阻止另一方探望孩子时，另一方可以考虑提起监护权纠纷之诉进行救济，律师和法官共同发力，对此类情况的处理达成实践共识，以此避免孩子因父母离婚而与一方长时间分离。

2017 年 8 月，郑悦第二次起诉离婚，段佳良以自己目前在 A 地居住为由，提起管辖权异议之诉。一审法院裁定异议成立，本案应移送至 A 地某县法院审理。郑悦对该裁定提出上诉。2017 年 11 月，二审法院裁定撤销一审裁定，本案留在北京审理。在第二次离婚诉讼过程中，段佳良的父母与郑悦因房产归属发生诉讼，双方对房产价值没达成共识，申请评估等情况导致诉讼周期拖延。

开庭期间，两方父母都情绪激动，互相谩骂。段佳良身穿黑色 T 恤，戴一顶帽子坐在位置上，气色阴沉，对法官的建议不闻不问，藏在阴影里的脸色晦暗不明。段母在庭上指责郑悦不来看望孩子，郑悦哭着说她不知道孩子在哪里。女方代理律师建议让女方网络连线见一见孩子，段佳良口头答应了女方的请求，在付诸行动时却拒绝配合。面对这些情况，女方代理律师提交了段佳良抢、藏孩子，导致女方探望孩子困难，以及女方更适合抚养孩子的相关证据，同时积极申请房产评估，以快速、强硬的态度推动庭审进程，成功破解男方运用各种方式阻挠诉讼的策略。

根据实践经验，孩子目前随谁一起生活，是法院在判决抚养权归属时非常看重的一个因素，因此，个案的胜利并不能遏制夫妻在离婚诉讼期间抢、"偷"孩子的情况。值得欣慰的是，现在法院会对抢孩子的方式和过程进行审理。如果一方采用比较过激的手段，例如在公共场合生拉硬拽抢走孩子，或者通过暴力手段从另一方手中强行抢走孩子，同时在庭审过程中另一方也能够出具视频、照片等证据证明对方采取这样的方式抢走了孩子，法院一般不会仅仅依据目前孩子跟谁一起生活这个因素进行判决，而是综合考虑双方实际的抚养条件，将抚养权判归更有利于孩子健康成长的一方。

2019 年 2 月，一审法院判决郑悦与段佳良离婚，孩子归女方抚养。随后，段佳良提起上诉，二审法院驳回上诉，维持原判。二审判决生效后，段佳良没有主动履行判决，郑悦申请法院强制执行，孩子终于回到郑悦的身边。段佳良每月支付 3000 元抚养费，婚后房产归其所有，支付郑悦一半折价款。

本案虽已告一段落，但是如何从源头上避免离婚诉讼期间夫妻一方抢夺孩子、阻止另一方探望孩子的现象发生呢？法院在认定年幼孩子抚养权归属时，依然主要看目前孩子实际由谁抚养，即使存在抢孩子的情况，法院一般不会给予司法处罚。这一做法使得离婚诉讼期间夫妻双方夺子乱象愈发频繁。为避免孩子被对方夺走，孩子抚养方在离婚诉讼期间一般不允许对方探望孩子，这从一定程度上会造成家庭关系持续恶化，轻则引发两家人之间的肢体冲突，重则导致刑事犯罪。

我国的婚生子抚养权纠纷均在离婚纠纷中一并处理，为了获得孩子的抚养权，不实际抚养孩子的一方会尽量拖延离婚诉讼程序，例如本案中男方抢走孩子后，在两次离婚诉讼中均表示不同意离婚，还在第二次离婚诉讼中提起管辖权异议、不认可房产价值、不配合房产评估，目的即拖延诉讼程序。在一些极端的个案中，双方甚至会轮流抢夺孩子，这种行为对孩子、家庭、社会均会造成十分恶劣的影响，导致矛盾迟迟得不到解决。因此，在涉及子女抚养权争议的离婚案件中，双方在没有达成抚养权合意的情况下，诉讼周期将被无限延长。

判决后，段佳良并没有做太多的纠结和抗争，郑悦把孩子接回来的过程相对比较顺利，但是对孩子来说，离开母亲三年产生了比较严重的后果。接回孩子后，郑悦发现孩子比之前木讷了很多。孩子被带走时只有三岁左右，正是上幼儿园的时候，需要接触外界，跟小朋友一起学习、玩耍，但在这三年里，段佳良为了不让郑悦找到孩子，没有送孩子去幼儿园，这导致孩子的社交和学习经历完全是空白的。后来，郑悦花了很长的时间陪伴孩子。

前一阵子，郑悦向我们发来一段视频，视频里是蓝蓝的天空，洁白的云朵，金灿灿的阳光下一群活泼可爱的小朋友在草地上踢足球。郑悦的儿子也在其中，他额头上闪着运动带来的汗水，嘴角扬起大大的弧度，清澈的眼眸不见阴霾，他激动地朝伙伴们挥了挥小手，招呼他们传球。郑悦发来一段语音，说孩子越来越好了，她也很感激，虽然经历了这些，但未来有很长时间可以陪伴孩子成长。她最大的心愿就是自己的宝贝能健康喜乐，无病无忧，岁岁平安。我想，这就是我们作为律师努力的意义所在吧。

原生家庭卷入，夫妻如何解决分歧和冲突

"幸福的家庭都是相似的，不幸的家庭各有各的不幸。"列夫·托尔斯泰通过小说写出了家庭经营中的心酸。幸福的家庭应该是什么样的？夫妻琴瑟和鸣，相敬如宾？事实上，婚姻中双方若对一些事物看法不一致，这并不可怕，也不一定会直接影响夫妻感情。那些常常争得面红耳赤的夫妻，有些还是会维持着稳定且美满的关系。那么，争论真正影响婚姻的哪个部分呢？

约翰·戈特曼做过一个有趣的研究，把夫妻请到实验室里，通过录制视频记录他们沟通和解决问题的方式。通过研究分析不同夫妻的互动情况，戈特曼博士把夫妻的冲突解决模式分为四种类型，即多变型、确认型、逃避型、敌对型，前三种冲突解决模式可以帮助我们建立长久、稳定的婚姻关系。下面我们详细介绍。

多变型。这类夫妻会频繁、激烈地发生冲突和分歧。他们努

力说服对方，希望能够影响对方，这样表达出来的消极情绪一点都不少，但这类夫妻有一种很神奇的力量，就是时刻能让对方知道，自己的争吵是为了维护他们的婚姻，也是为对方着想和考虑。可能这也是采用这种冲突解决模式的夫妻不会受冲突影响的原因吧。

确认型。这类夫妻会更加有礼有节地表达自己的观点。在解决问题的过程中，这类夫妻更像合作伙伴，和另一半有商有量地解决问题。当然，这并不代表这类夫妻的讨论就一定会很平和，他们也会很激烈地表达自己，但在表达自己的观点之前，他们不忘去理解、肯定另一半的感受或表达对另一半说的部分观点的认同。

逃避型。这类夫妻其实很少吵架。事实上，虽然这类夫妻回避正面对抗，但是他们会靠自己的力量努力解决问题，或者索性放任不管，等有时间和能力解决时再处理这些问题。即使某一天问题必须搬到桌面上来解决，他们也会用非常谨慎且温和的方式应对。

敌对型。这种冲突解决模式显得比较极端与尖锐。这种冲突解决模式可以说是夫妻关系中的定时炸弹，不知何时、何因会突然爆发。如果夫妻运用这种冲突解决模式去面对婚姻中的问题，实验资料显示，超过 90% 的婚姻将走向解体，哪怕是新婚夫妻。这种冲突解决模式中充斥着四种互动方式，即蔑视、批评、筑墙和防御。蔑视是指看不起对方而表现出冷嘲热讽和鄙夷的神色；批评是指上升到人格层面对另一半进行对人不对事的批评；筑墙是指当对方想要沟通这件事时，完全无视，而不是像逃避型夫妻那样默契地躲开话题；防御是指当对方指责自己时，用指责去"回敬"对方，而不是思考如何平息怒火、解决问题。

下面是一个简单的测试，你可以测一测，看看你和你的爱人平时是怎么处理冲突的。请在以下A、B、C、D四种情境描述中，选择您符合的情况。[①]

A. 在我们的关系中，存在大规模的冲突和争斗，这没什么，因为我们和解的技术更棒。我们会发生火山爆发式的争论，但它们只不过是温暖的爱恋关系中的一小部分。虽然我们会发生争论，但我们仍能解决分歧。事实上，我们争斗的激情和热心可以创造更好的关系，有着很多和解、欢笑和关爱。

1= 从不

2= 很少

3= 有时

4= 经常

5= 总是

B. 在我们的关系中，发生冲突时，即使彼此存在分歧，也要

---

① 罗兰·米勒. 亲密关系（第6版）[M]. 王伟平，译. 北京：人民邮电出版社，2015.

让彼此知道对方的意见是受重视的、爱意仍然存在。即便是讨论最激烈的话题，我们也会表现出更强的自我控制和镇定。争执时，我们会花很多时间彼此确认，还会努力说服对方或者找到妥协的方法。

1= 从不

2= 很少

3= 有时

4= 经常

5= 总是

C. 在我们的关系中，冲突很少发生。我们认为最好能"认同彼此的分歧"，而不要在讨论结束时陷入僵局。彼此公开宣泄愤怒没有什么好处。事实上，过多地讨论分歧会使事情更糟。我们认为，只要轻松地对待问题，自会有解决之道。

1= 从不

2= 很少

3= 有时

4= 经常

5= 总是

D. 我们经常激烈争吵。夫妻之间存在大量你来我往的侮辱、对骂、贬损和讥讽。我们根本不会倾听对方在说什么，也不会彼此对视太久。即使关系中会有短暂的攻击和防卫，总有人非常超然，不带感情。显然，我们的关系有更多负面情形。

1＝从不

2＝很少

3＝有时

4＝经常

5＝总是

以上测试根据戈特曼的夫妻冲突解决模式进行分类。情境 A 反映的是多变型，情境 B 反映的是确认型，情境 C 反映的是逃避型，情境 D 反映的是敌对型。在以上情境中，得分越高，表示你认为该情境更符合你和伴侣的冲突解决模式。

世界上哪有不拌嘴的夫妻呢？人们常说，夫妻床头吵架床尾和。冲突本身并不可怕，可怕的是，一些不良的冲突应对方式不仅不会适应夫妻生活的变化，反而会把相爱的人越推越远，甚至使其对簿公堂。就像案例中的郑悦和段佳良。当女方拒绝让孩子去见孩子的爷爷奶奶时，男方一定有不同的看法和意见，否则也不至于最后引起这场抢子大战。每个人都有自己的立场和观点，这无可厚非。但是当观点不一致时，双方是否看到了彼此的不同观点，又是如何与对方商量和解决分歧的，这就至关重要了。

有研究统计，引起伴侣冲突的众多原因中，孩子的教养问题排在首位。如果我们用更有建设性的方式去和对方沟通，那么我们是不是能避免抢子大战这样的闹剧上演呢？

第 3 章

一 见 钟 情

　　婚姻是现实的，它
不会像爱情那样，一直
被浪漫充斥；它更像一
场修行，所有的一帆风
顺背后，都需要付出艰
辛的努力。

婚姻不是 1+1=2，而是 0.5+0.5=1。

也就是说，两个人各削去自己一部分个性和缺点，

和对方结合在一起。

如果说爱情就像天空中飘着的云，洁白无瑕、自由浪漫，那么婚姻就是生长在土壤里的一棵小树，历经风雨，需要时间去成长，需要耐心去灌溉。不是每个人都能轻易做好迈入婚姻殿堂的准备。冯佳站在民政局前，手中小红本上的"离婚证"三个字格外显眼。旁边恩爱的小情侣幸福地搂在一起，这让她想起了三

年前。

她在一场朋友聚会中认识了他，那时的她才 21 岁，正是爱玩爱闹的年龄。她家境优渥、容貌姣好，平时穿衣打扮也颇有品位，是大家眼中的"小公主"，吸引着大多数人的目光。她刚在朋友们的撺掇下唱了一首甜甜的小情歌，心满意足地回到位置上，拿起桌上的饮料。"那个，不好意思，你拿着的那杯饮料是我的。"一个低沉的声音在耳边响起。冯佳猛地转头，只见一个男生，长得白白净净，穿着一身休闲运动装，脸上带着笑意看着她。冯佳顿时满脸通红，赶紧把饮料放了回去，为了缓解尴尬，她解释了两句，和这个男生交流了起来。尴尬的氛围渐渐散去，冯佳发现两个人有很多共同话题：他们都是北京人，同龄，出身条件都不错，都喜欢旅行、看演唱会……一场聚会下来，两个人顺理成章地交换了联系方式。这个男生叫孙亮。

后来，孙亮时不时地约冯佳外出游玩。在相识三个月后，孙亮向冯佳告白了，两个人一起租房开始了同居生活，每天过得甜甜蜜蜜的。就这样一年过去了，突然有一天，冯佳觉得身体不太舒服，嗜睡、头晕、呕吐，心里突然有了某种预感。她从药店买了验孕棒，躲在卫生间，坐在马桶上，看着清晰的两道杠，心里乱糟糟的。明明之前她还只是一个天天腻在男朋友怀里，会和父母撒娇的小女孩，此刻肚子里却在孕育一个小生命。这个意料之外的孩子让她像做梦一样："我才 23 岁，我要当妈妈了？我要有孩子了？”

门口传来孙亮开门的声音：“佳佳，我回来了，你在哪儿？”冯佳慌慌张张地跑出去，拿着手中的验孕棒给孙亮看：“我好像怀孕了，怎么办啊？”冯佳一脸茫然，泪珠在眼眶里打转，她不知道自己是否做好了孕育孩子的准备。孙亮先是愣了一下，随后一脸喜悦，大声道：“我要当爸爸了！佳佳，嫁给我吧！我会好好照顾你和孩子的。”就这样，他们安排双方的父母见面，并着手准备结婚事宜。当冯佳身穿白色婚纱走在红色的地毯上时，所有人都说他们两个门当户对，天作之合。冯佳看着对面英俊帅气的丈夫，也暗暗告诉自己：“我一定会幸福的。”

婚后半年多，在孙亮和双方父母的精心照顾下，冯佳顺利产下一子。因为双方家庭条件较好，并不会为经济问题发愁，所以冯佳一直没有稳定的工作，只是在空闲时间做微商生意，孩子也有保姆帮忙照顾。小两口每周末定期短途旅行，每年定期国外旅行，也没有什么共同存款，一直靠家里资助。

事情的转折发生在孙亮换工作之后，他进入某互联网企业工作。冯佳渐渐发现，孙亮经常以工作忙为由夜不归宿，即使回家，和她基本上也没有什么沟通，周末也常常以加班为由不见踪影。冯佳多次询问孙亮原因，他从不解释，只是说自己工作太忙。某次孙亮洗澡时，冯佳翻看孙亮的微信，发现他与一位异性同事关系暧昧，互称“老公”“老婆”，并发送一些越界的照片等，甚至出现"酒店"信息。冯佳再次询问孙亮，孙亮仍不做任何解释。一气之下，冯佳搬回娘家居住，孩子轮流在双方家里生活。

从前的甜言蜜语全化成了泡沫，孙亮直接对冯佳说："我对你已经没有感情了，但如果你想这么继续过，我也是可以的，我们可以像亲人一样。"冯佳渐渐对孙亮死了心。之后发生的一件事更是坚定了冯佳离婚的心思。双方分居后，某次因接孩子的问题，冯佳和孙母产生了争执。冯佳想把孩子抱走，孙母坚决不让，推搡之间，孙亮甩了冯佳一个巴掌，紧接着对她拳打脚踢，一番殴打后，孙亮带着母亲和孩子扬长而去。因孙亮未更换二人之前居住地点的门锁，冯佳回家查看家中原有监控后发现，他甚至将第三者领回家中，发生婚内出轨行为，并多次谈及离婚等事宜。冯佳找到律所，希望得到法律帮助。

接受委托后，经律师细致询问，冯佳坦言，二人结婚时并未购置任何夫妻共同财产，且二人自小家庭条件较好，平时开销极大，属于"月光族"，甚至有时需要双方家长接济，几乎没有夫妻共同财产。但是因孙亮行为恶劣，给冯佳造成极大的心理伤害，冯佳希望孙亮能够补偿其最少30万元。

本案立案后，律师梳理了冯佳提供的孙亮的出轨证据，发现孙亮婚姻过错行为基本可以坐实。根据《中华人民共和国民法典》第一千零九十一条，"有下列情形之一，导致离婚的，无过错方有权请求损害赔偿：（一）重婚；（二）与他人同居；（三）实施家庭暴力；（四）虐待、遗弃家庭成员；（五）有其他重大过错。"孙亮虽然未达到与他人同居的地步，但我们认为，如该过错行为侵犯了一夫一妻的婚姻制度或是违反社会公德，那么即可视为有其他重大过错。因此，如一方有出轨的情形，且情形十分恶劣，则可视为法律上的婚姻过错。

但在实践中，按照当地惯例，即使被认定为婚姻过错，赔偿金也不会超过 10 万元。在没有夫妻共同财产的情况下，如何帮助当事人一次判离且争取较高的补偿，成为代理律师要解决的首要问题。

经过与冯佳的多次沟通，我们了解到孙亮及其父母对二人的婚生子孙小明极其宠爱，而冯佳对孙小明的抚养权则并不十分坚持，但她强调，如婚生子由孙亮抚养，一定要保障自己的探望权。

我们随即确立了以"孙亮具有恶劣的婚姻过错、与孙亮争取抚养权"为切入点争取赔偿最大化的办案思路，尝试将孙亮拉到"谈判桌"前，助冯佳一次判离并争取高额补偿。

确立办案思路后，律师亲自走访派出所，与派出所民警进行耐心沟通。派出所民警同意帮助调取孙亮对女方施暴时十字路口、小区门口等监控视频，但是需要律师和冯佳从上千段监控视频中挑出与施暴现场相关的监控视频。律师通过确定暴力发生时间、走访施暴地点、寻找相关摄像头、为视频编号等方式，从上千段视频中挑出施暴现场视频，调取该视频作为证明孙亮存在家庭暴力行为的证据。

在与法官沟通的过程中，为最清晰地展现冯佳的处境，律师把孙亮的出轨视频、家暴视频等具有冲击力的影像及照片进行详细整理并用彩笔标记，将视频、截图及孙亮与案外女子的聊天记录制作成清晰的目录一并提前邮寄给法官，并通过电话与法官沟通，阐述孙亮婚姻过错行为之恶劣，冯佳婚内生活之隐忍，表达女方争取孩子抚养权的决心。最终，法官安排一周后开庭。

开庭时，虽然孙亮坚持不同意离婚，但律师基于孙亮强烈要求争取抚养权的诉求，告知孙亮其婚姻过错行为恶劣，势必影响其争取抚养权，且如果法院出具判决书，将孙亮的过错行为写在判决书中，孩子日后看到判决书，他对孙亮的看法势必会受到影响。《最高人民法院关于适用〈中华人民共和国民法典〉婚姻家庭编的解释（一）》第四十六条规定，"对已满两周岁的未成年子女，父母均要求直接抚养，一方有下列情形之一的，可予优先考虑：……（四）子女随其生活，对子女成长有利，而另一方患有久治不愈的传染性疾病或者其他严重疾病，或者有其他不利于子女身心健康的情形，不宜与子女共同生活。"孩子的成长不仅需要良好的经济环境，还需要正确的引导及父母的良好示范，因此，如一方有严重的婚姻过错行为，且该行为不利于子女身心健康成长，会影响抚养权的归属。如孙亮同意离婚，冯佳可以撤回孙亮家暴、出轨的证据，双方达成调解，这对冯佳、孙亮、孩子均是最稳妥的选择。

在法官及律师的劝说下，本案经法院调解结案，孙亮同意离婚，并在没有夫妻共同财产的情况下支付冯佳补偿款 45 万元。婚生子由孙亮抚养，冯佳每月支付 800 元抚养费；冯佳每月第一周、第三周可探望孩子两天，法定节假日及寒暑假，一人一半时间抚养孩子。

冯佳不在乎最后拿到多少赔偿，她只想要孙亮一句正式的道歉。当孙亮在法庭上看着她，说出那一句"对不起"的时候，冯佳心里空落落的。她仿佛看到三年前不成熟的自己，满心爱意，却没有做好成为妻子、母亲的准备，以为自己嫁给了爱情，却没有学会如何经营一段婚姻、做好与伴侣相守一生的准备。组建一个家庭并不是玩"过家家"，双方的优秀并不意味着两块拼图会完美地拼在一起。家庭是靠两个人来经营的，对彼此忠诚是一切的前提，夫妻间的忠实义务并非单纯的道德义务，一夫一妻、相互忠诚是《中华人民共和国民法典》确认的婚姻家庭中的基本原则之一，也是新中国成立以来一直未改变的制度。法律必须能够"亮剑"，在需要时具有威慑力，毕竟没有强制力的法律就像一把不燃烧的"火"，一缕不发亮的"光"，无法形成震慑。当出轨者选择满足内心欲望，迈出出轨的第一步时，其应做好承担相应后果的心理准备。而针对无过错者，倘若伴侣真的背叛了你，应该学会调整心态，冷静、理智地处理，尽可能收集证据，主张自己应有的财产权益。

到底什么是"对的人"

很多男男女女用各种各样的形式祈求遇到命中注定的另一半，把自己一生的婚姻幸福寄托在找到"对的人"这件事上，仿佛只要找到"对的人"，一切幸福就都顺理成章了。

那么，什么是"对的人"呢？请参照以下要点，看看你是否同意。

- 真爱不会有争执。争执就说明另一半爱自己不够深，也就不是真爱。

- 真爱会心有灵犀。如果是"对的人"，无须多言，他就能知道我的所想所感，与我默契十足。如果连这点默契都没有，那就不是真爱。

- 错爱会不知悔改。如果爱人伤害了自己，那么他只会一错再错，不会悔改，他不值得自己做任何努力。

- 真爱会风月常新。只要是真爱，我们的所有相处都会十分完美。

- 男女生来不同。男人来自火星，女人来自金星，我们很难真正了解彼此的性格，也很难真正理解对方的需求。

- 真爱是命中注定。幸福的婚姻由"对的人"决定。遇到"对的人"，就会琴瑟和鸣，拥有偶像剧般幸福的婚姻；若没遇到"对的人"，就注定拥有不幸的婚姻。

如果你赞同以上观点，那么可要小心了。因为以上观点已经被心理学家鉴定为对婚姻有害的观念，即宿命信念。为什么这些观念会害了自己的婚姻呢？试想一下，当我们觉得缘分天注定，当我们在婚姻中遇到了困难或不顺心，我们还会付出感情和改善这段关系吗？我们不仅不会去付出、去解决问题，反而容易凌驾于婚姻之上，给自己的另一半"判刑""减分"，越发对自己的婚姻感到怀疑和沮丧。

真正对婚姻关系有益处的信念是什么呢？心理学家称之为成长信念。成长信念是指能够明白自己的幸福婚姻应该来自自己和另一半的努力与经营。人世间每一对天造地设的夫妻，如果认真深究，你会发现他们幸福的密码还是那句老生常谈：一分耕耘，一分收获。遇到困难时，我们是选择一走了之，还是一起越过千座大山、万条江河？

本案中的冯女士和孙先生，在相对小的年纪遇到了彼此，尚未决定结婚就先有了孩子。只是根据对方的家庭条件和外貌特征，就着急地定义对方是那个值得一生相守的人。而真正的婚姻生活有太多需要磨合和适应的部分，况且在这之中，还要加上一个会占用双方时间和精力的小生命，此时，双方需要解决的困难就如指数增长一般冲入云霄。随着年岁的增长、阅历的增加，婚姻中的他们需要自我探索与继续成长，这时他们才发现对方已经不是自己想要共度一生的那个人了。他们没有第一时间选择共同成长与发展，而是坚守"天作之合就应当合适"的执拗想法，没有为这个小家付出足够的时间和精力去磨合，导致双方越走越远。

也许你会觉得：我不信，和"对的人"压根不会有这么多需要磨合的地方，只有和"对的人"在一起，才有可能走向幸福。成长信念的作用很好解释，就是让我们回到恋爱之初，找找双方之前努力的痕迹。如同案例中的冯女士和孙先生，他们在最美好的年纪相遇，难道那时他们遇到的诱惑不多吗？那时的他们又是如何克服的？在计划之外成为一个小生命的父母，他们尚小的心脏是如何温柔而坚定地决定为这个小生命负责的？那时，即使遇到很多困难，我想他们还是会觉得对方是那个"对的人"，因为两个人都在为这段关系、为这个家一起想办法，披荆斩棘，甚至婚后还和以前一样出国旅行及欢度假期，在外人看来好不惬意。他们的真正矛盾也不是出现在那个时期的。

两个人之后也为这段关系付出了很多。婚后负担加重，双方收入又无法托起这个小家，冯女士和孙先生各自向自己的父母伸出的手真的那么轻易就能抬起来吗？冯女士照顾孩子、做微商，孙先生换了工作，除了个人发展这一因素，也能看到彼此对家庭的责任和努力。只是很多时候，婚姻从来不是独自努力的马拉松，更像在逆流中喊着号子向前划的皮划艇。我们需要在关系中看到并配合对方的动作。如果我们只是在各自的领域努力跑自己的马拉松，没有关注对方的变化，那么之前的关系底子再牢靠，亲密的我们也会在孤独又漫长的奔跑中慢慢跑成孙先生口中的"亲人"。而为家庭的付出，总会在某一个瞬间被对方视为理所应当。如果我们时刻关注夫妻关系，把夫妻关系中的问题当作需要双方一同克服的急湍，那么我们的婚姻就会朝着携手一生的方向发展。

以下是信念量表。你可以测一测自己对婚姻的信念是否有害。

宿命信念和成长信念量表

请用 1—7 来评价你对每个问题同意或反对的程度。

1	2	3	4	5	6	7

强烈反对　　　　　　　　　　　　　　　　强烈同意

（1）谈恋爱的情侣要么能和睦相处，要么彼此格格
　　不入。

（2）理想的亲密关系是逐渐发展的。

（3）美满关系的关键往往是从一开始就要找到般配的
    伴侣。

（4）亲密关系中的挑战和障碍只会让爱变得更深厚。

（5）恋爱中的情侣要么融洽相处，要么争吵不断。

（6）美满关系的关键往往是学会与伴侣一起解决冲突。

（7）亲密关系如果开局不太好，则必然以失败告终。

（8）美满关系是经过艰苦努力和解决双方的矛盾而形
    成的。

在以上评价中,（1）（3）（5）（7）条为宿命信念,（2）（4）（6）
（8）条为成长信念。你更偏向于哪一种信念呢?

第 4 章

家外有家

几十年如一日的相互忠诚、理解和付出，贯穿彼此的心灵，婚姻也会日益弥坚，坚不可摧。

男方同街道另安家生两娃，律师助女方 向第三者追回近 600 万元钱款

> 总角之宴，言笑晏晏，
>
> 信誓旦旦，不思其反。
>
> 反是不思，亦已焉哉！

宣读判决书那天，天气晴朗，风轻云淡，看起来和过往没有什么不同。李玉洁只觉得前所未有的平静与清醒，她望着对面的前夫，他们曾经同床共枕十几年，她以为自己了解他的各种生活习惯、脾气秉性，可以说是这个世界上最了解他的人，却没想到，这个人用"精湛"的演技足足骗了她十几年。如今，这场闹剧终

于落下了帷幕。身旁一对儿女扶着她，生怕她哪里不舒服。她看着满眼关心的孩子们，心想：一切都结束了。

创业初始

1987 年，河南省某县，21 岁的李玉洁认识了 24 岁的孙立军。初次见面，李玉洁就很欣赏孙立军，他个子不高，皮肤偏黑，一双眼睛炯炯有神，敢闯敢拼，浑身都是干劲。结婚当天，孙立军对李玉洁许下诺言："我一定会让你过上好日子。"婚后二人来到北京一起创业打拼。1989 年，李玉洁生下长女孙大妹，1997 年生下长子孙二弟。创业十年，白手起家，二人都特别能吃苦，从最初的茫然无措到小有资产，熬过最艰难的日子之后，二人创办的公司业绩蒸蒸日上，孙立军负责经营管理，李玉洁掌管公司财务。

公司做大之后，孙立军经常带着李玉洁出席各种饭局。李玉洁圆圆的脸，天庭饱满，下巴圆润，大大的眼睛、黑白分明，打扮起来浑身散发着雍容华贵的气质。二人一起出席时，孙立军特别有面子。加上李玉洁性格开朗乐观，平易近人，和谁都能聊上几句，帮孙立军拉了许多好感，大家都夸孙立军有福气，娶了一个好老婆。孙立军私底下也经常对李玉洁说："我这辈子最幸运的事就是娶了你。"李玉洁看着事业有成的丈夫和自己的一双儿女，觉得这辈子知足了。

七年之痒

有一段时间，李玉洁觉得丈夫有点不对劲：公司没什么大事，他却早出晚归，不是加班就是出差。他们俩已经结婚十多年，彼此知根知底，她直觉哪里不对。一天，丈夫发短信对她说要加班、不回家了，李玉洁一边回"知道了"，一边让保姆照顾好两个孩子，自己开车去了公司。一路上，李玉洁心神不宁，她劝说自己，丈夫说不定最近真的很忙。

李玉洁把车开进了地下车库，刚准备拔钥匙，突然看见一个打扮时髦、踩着高跟鞋的女人跟着丈夫上了车。两个人动作亲密，一看就知道关系不浅。为了维护公司形象和自家人的脸面，李玉洁并没有急着下车。那一刻，她无比冷静地拿出手机拍了照片，开车回家把小儿子哄睡，独自一人坐在客厅等着孙立军回家。那一年，她40岁，丈夫43岁，都说七年之痒，可他们都在一起十多年了，人生能有几个十年，但丈夫还是背叛了她。

凌晨一点，孙立军进了客厅，打开灯后看到坐在沙发上的妻子，吓了一跳。"这么晚了，还没睡呢？"看着面无表情的妻子，孙立军觉得不对劲。"怎么了这是？""过来看看吧。"李玉洁语气淡淡地说，把手机递给了孙立军。孙立军接过手机，一下子都明白了，他赶紧坐到李玉洁旁边，说："都是逢场作戏，她就是我的秘书，都不作数。是我不对，我立马把她辞了好不好？"孙立军伏低做小，殷勤地伺候了李玉洁一周多，李玉洁也就心软了。所谓"少年夫妻老来伴"，她原谅了孙立军，孙立军也立马辞退了那位名叫郭玉香的秘书。

后来，李玉洁还会提及郭玉香，孙立军立马说："早跟她没关系了，人家都结婚了，听说连孩子都有了。"李玉洁听罢，也就放宽了心。

假离婚

2014 年，李玉洁觉得这一年日子过得格外不顺利，孙立军的公司业绩下滑，经营状况一天比一天差。他经常在外面喝酒，回来后醉醺醺的，梗着脖子和李玉洁吵架。有时李玉洁懒得和他吵，想着忍忍就过去了；有时忍不住，就会和他大吵一架。

"你可就这一个女儿，她结婚你也不去，还是个当爹的吗？""我公司这么多事，一天天忙着呢，你这个当妈的过去不就行了！还在美国结婚，她怎么不去南极结婚！"说罢，孙立军摔门而去，李玉洁气呼呼地坐到沙发上。女儿渐渐长大成人，父女俩的矛盾却越来越大。女儿常常对母亲说："你一定要盯紧我爸，别让他把钱花在别人身上。"李玉洁不想让女儿掺和他们两口子的事，安慰道："放心吧，你爸那性子我知道。"

日子就这么一天天挨过去。有一天，孙立军突然凑过来和李玉洁商量："玉洁，我想了想，这两年公司确实经营不好，要不我们先离婚，把债务隔离开，我不想拖累你。"看着丈夫真挚的眼神，想到他也是为了自己好，李玉洁思考了没多久就答应了。2014年8月，双方在民政部门协议离婚，离婚后依然共同生活。

躲在丈夫背后的女人

离婚后又过了两年，李玉洁渐渐有了复婚的念头，当她和丈夫提及复婚时，孙立军却不同意，理由是"现在这样就挺好的，没必要"，李玉洁也没有其他办法。李玉洁特别擅长经营自己的小日子，每天弄弄花草，和老姐妹出门逛个街、喝个茶，两个孩子也都大了，不用她操太多心。但突然有一天，丈夫的司机找上门来，寒暄之后，司机老王带着一副凝重的表情说："孙太太，有件事我实在是看不下去了，当年那个女秘书根本就没走。"听到这番话，李玉洁整个人都蒙了。她把司机送走后，一屁股坐在沙发上，开始回想这几年丈夫种种不对劲的表现。后来，在儿女们的提醒和帮助下，李玉洁在孙立军的手机里看到了郭玉香及其孩子的照片，方如梦初醒。

此时，李玉洁才发现，自2006年开始，孙立军就一直与郭玉香同居生活，并相继生下一子一女。李玉洁还从孙立军的司机处得知，在二人婚姻存续期间，孙立军给郭玉香购买过多套房产。2009年，郭玉香为孙立军生下儿子孙三弟。2010年4月，郭玉香以498万元购买了北京某区新房一套；2010年9月，郭玉香以

535万元购买了北京某区二手房一套，此后一直居住在此处。该房距离李玉洁的居所直线距离不到1千米，属于同一街道。2014年，郭玉香赴美国又生下一个女儿孙四妹。

丈夫用夫妻俩的钱养着一个小三，而且这个小三凭着三分温柔哄着丈夫买了房子，就住在自己家不远处，还有了两个孩子，说不定还在背后嘲笑自己的愚昧无知。被自己的老公耍得团团转，一想到丈夫虚情假意地足足骗了自己十几年，李玉洁就忍不住怒火中烧。"孙立军、郭玉香，这事没完。"2016年6月，李玉洁委托律师对郭玉香提起返还原物纠纷之诉。

法庭相见

接受委托后，考虑到孙立军的公司经营出现问题，为了防止对方转移财产以逃避执行，李玉洁的代理律师第一时间立案，并对郭玉香居住的其中一处房产提出财产保全申请。由于李玉洁没有郭玉香受赠财产的具体证据，律师向法院申请了十多份调查令，调查孙立军和郭玉香名下全部银行卡的交易流水，以及郭玉香名下所有房产信息。

此时，郭玉香已经将第一套房产出售，且李玉洁提供的线索不准确，代理律师先后数次前往房地产开发商、某区不动产登记中心、物业中心调查房产的具体信息，最终成功调取预售合同、支付房款、房屋登记转移等证据材料。根据两套房产的购买材料、支付信息，结合孙立军、郭玉香的银行流水记录，可以证明该处房产的购房款全部来自孙立军。但是，购买该处房产时，孙立军没有直接转账，而是取出现金交由郭玉香转存银行支付房款。为了形成完整的证据链，李玉洁的代理律师将孙立军取钱的时间、金额与郭玉香同期存钱的时间、金额进行了比对，举证这些钱来自孙立军具有高度盖然性，达到了民事案件证据采纳标准。

庭审过程中，面对李玉洁一方准备充分的证据材料，郭玉香提出购房款是自己向孙立军的借款，但是该借款已经归还孙立军或其指定的人员，并提交了其向孙立军或孙立军公司员工转账的交易记录作为证明。对此，李玉洁的代理律师指出，郭玉香与孙立军长期保持非法同居关系，并生下两名子女，借贷之说有悖常理；即使双方构成借贷关系，郭玉香自 2006 年开始并无收入，根本没有偿还借款的能力。郭玉香与孙立军的交易记录频繁混乱，双方处于经济混同状态，孙立军在婚姻存续期间未经李玉洁同意为郭玉香支付购房款等大额支出，郭玉香应当返还属于李玉洁的一半份额。最终，法院判决郭玉香归还李玉洁 600 万元钱款。此后，本案进入执行程序，郭玉香仅存的一套房产将被拍卖。

庭审结束后，孙立军联系了李玉洁的代理律师，振振有词："我看这件事就这么算了吧！我确实出轨了，可是我也没亏待她（李玉洁）。她要什么我不给买？我让她住大别墅，我给她买了那么多包，我已经仁至义尽了，该给的我也都给了，夫妻这么多年，何必抓着不放。"郭玉香也出席了庭审，亲自道歉，只求给她留一条退路。面对二人的一唱一和，李玉洁不为所动。孙立军的话只让她寒心，原来自己所做的一切都没有被他放在眼里，那个女人随便哄几句就能让他心甘情愿抛妻弃子，多年的枕边人好像一种奇怪的生物，只能共患难，不能同富贵。多年的感情在李玉洁得知真相的那一刻已经灰飞烟灭，一双儿女坚定地站在母亲这边，他们认为，做错了事，就必须付出该有的代价。

最终，郭玉香应向李玉洁返还孙立军为其购买某处居住房屋出资款267.5万元；郭玉香应向李玉洁返还孙立军为其购买第一处房屋出资款263万元；郭玉香应向李玉洁返还孙立军向其支付的其他钱款44.95万元。

律师有话说

夫妻一方婚外有家，不仅会伤害配偶的情感，更会伤害其财产权益。对于情感的伤害，法律能做的弥补比较有限，但若夫妻一方擅自赠送给情人大额财产，配偶有权追回。本案具有一定的代表性，其中有几个法律问题值得关注。

第一，配偶追回财产的法律依据何在。按照《中华人民共和国婚姻法》①的规定，夫妻任一方对共同财产有平等的处理权。因日常生活需要而处理夫妻共同财产的，任一方均有权决定；非因日常生活需要对夫妻共同财产做重要处理决定，夫妻双方应当平等协商，取得一致意见，但是不能对抗善意第三人。在这类案件里，夫妻一方将钱财赠与第三者，如果赠送的财物价值较小，赠与方有权单独决定，不属于侵犯夫妻平等财产处置权的行为；如果赠送的财物价值较大，按常理即可推断第三者不是善意第三人，赠与方未经配偶同意的大额赠与行为，侵犯了夫妻平等财产处置权，原配可以向第三者提起物权保护之诉，追回属于自己的财产权益。在审判实践中，如果夫妻双方没有离婚，原配可以追回全部赠与财产；如果夫妻双方已经离婚，原配可以追回 50% 份额的赠与财产。

第二，未直接转账的财产能否被认定。在这类案件中，赠与方有时会选择从本人账户里取出现金，交给第三者存入其账户，这样从银行流水里就看不出双方存在资金往来，法院认定第三者的入账资金来自赠与方需要其他证据支持。在本案中，郭玉香购买第一处房产的钱财，正是孙立军通过这种方式辗转存入其银行账户的。从郭玉香的银行交易信息可以看出，在购房期间，其银

---

① 2020 年 5 月 28 日，十三届全国人大三次会议表决通过了《中华人民共和国民法典》，自 2021 年 1 月 1 日起施行。《中华人民共和国婚姻法》同时废止。本案例适用《中华人民共和国婚姻法》的规定，故作此说明，后同。——编者注

行账户以现金存款的方式先后入账五笔共计 520 余万元的购房款，单纯从郭玉香的银行流水无法证明这笔钱来自孙立军。在这起诉讼中，原告李玉洁追加了孙立军作为第三人，并申请法院调取了其银行交易信息，信息显示，孙立军同期取出五笔共计 520 万元的现金，每次取出的金额与郭玉香存入的金额相同，且孙立军取出时间在前，郭玉香存入时间在后，两次操作均在同一天，最终法院依据证据规则认定，这五笔出资款来自孙立军具有高度可能性。

第三，第三者提出的"借贷关系"抗辩能否成立。从证据来看，夫妻任一方给付婚外情人大量钱财，用于购买房产和支付其他生活费用，这种行为既可能是赠与，也可能是民间借贷。按照法律规定，自然人借款和赠与，均不要求签署书面协议，需要结合转账记录和其他证据来认定。通常来说，如果夫妻俩与情人签署有明确协议，约定款项支付的性质或者配偶事后追认，法院可据此下判。司法实践中确实存在这样的情形：夫妻俩与丈夫婚外情人签署协议，约定给予情人一定的金钱补偿，让其断绝婚外情关系；为了让丈夫安心回归家庭，妻子向第三者承诺不再追回丈夫送出的钱财。在这些情形下，如果妻子事后再向法院起诉第三者、要追回钱财，法院均不予支持。在同类型案件中，像李玉洁这样离婚后才得知详情的配偶不在少数，李玉洁的诉求是追回丈夫在婚内为情人支付的钱财，其法律依据是孙立军单方赠与大额财物给郭玉香，损害了夫妻共同财产平等处置权。但是郭玉香成为孙立军的情人以后，孙立军借用其银行账户操作生意资金往来，因此二人资金往来频繁混乱，郭玉香银行账户内也有大量资金流向孙立军的银行账户。为了抗辩李玉洁的诉求，郭玉香认为双方构成借贷关系，且借款已经归还。为此，原告提出郭玉香自2009年成为孙立军的情人后便不再工作，没有收入，从客观上说没有能力偿还借款；鉴于双方存在情人关系，借贷之说不符合常理；孙立军和郭玉香之间款项存入与转出没有规律，不能一一对应，不能证明双方存在借贷关系；郭玉香向孙立军转账的目的亦不明确。因此，法院没有采纳对方"民间借贷"的抗辩意见，支持了原告的诉求。

第四，赠与和"经济混同"能否共存。在本案中，郭玉香以758万元出售第一处房产，其主张售房款均用于偿还孙立军的债务，但是其提交的借款协议显示郭玉香和孙立军同为借款人。对此，原告代理律师认为郭玉香原系孙立军的公司员工，双方成为情人以后，郭玉香参与了孙立军的经营活动，双方在经济上处于"混同"状态，郭玉香向孙立军或者双方共同债权人转账的行为，无法得出系郭玉香偿还孙立军借款的结论。原告的主张获得了法院的支持，法院结合孙立军未经妻子同意赠与郭玉香大额钱财，以及郭玉香与孙立军处于"经济混同"状态，认定郭玉香需要返还财物。一审判决下发以后，郭玉香提起了上诉，认为赠与和"经济混同"无法共存。郭玉香和孙立军存在"经济混同"状态，但是这并不妨害认定孙立军赠与郭玉香大额财物的事实。"经济混同"是法院依据案件情况推定的双方基本的经济状态，如果任一方能够举出充分证据证明双方某部分资金往来系赠与或借贷，法院亦能够单独对这部分资金进行认定。法院认可了赠与的事实，是因为原告代理律师提供了相应的证据，完整地证明了孙立军婚内给予郭玉香购房款、生活费的事实，结合双方婚外生子的事实，可推定这些款项系赠与。郭玉香主张她从孙立军处收到的资金是民间借贷且借款已经归还，但是，第一，她没有提交借款协议、欠条等可以直接证明双方存在借贷关系的证据材料，没有其他证人证言、视听资料可以佐证借款事实的存在；第二，她不能将所谓的"还款"和"借款"一一对应，所谓"还款"指向不明，即郭玉香无法对每笔付款"偿还"的是哪笔"借款"做出明确的解释说明，因此没有完成借贷关系的举证，无法获得法院支持。

忠诚是对现代婚姻最严肃的考验。婚内出轨常有，但是家外有家并不常见。经常有当事人问我们，法律为什么不惩罚第三者？

这其实涉及我们如何看待婚内出轨的问题。从我们的办案经验来看，绝大多数离婚诉讼都有"出轨"的影子，只是程度不同罢了，最终导致婚姻破裂的往往不是这些出轨行为，而是婚姻本身的病灶。出轨是婚姻犯病的结果，就像持续高烧、恶性腹泻是病毒感染的结果一样。病灶存在于婚姻关系中，法律介入也无济于事。但是婚内出轨达到"家外有家"的地步，这性质就完全不同了，此时法律能够作为的空间很大。在合法配偶和第三者之间，法律坚定地站在合法配偶这一边，第三者介入情人的生活越深，其面临的法律、财产风险越大。郭玉香的经历就是最好的例证——经营风险由婚内出轨者与第三者共担，收益却只有合法配偶才可以享受。

爱情合伙，结婚证最靠谱。

背叛的代价

我看过一句话："和爱的人在一起是什么感觉？那就是和那个人出门不需要带脑子。"这也是我们对家的期待，只要在家里，我们无须费尽心机，无须担惊受怕，爱人可以让我们永远无条件信任，家是我们最温暖的港湾。但是从什么时候开始，我们还需要防范离我们最近、与我们最亲密的人呢？这个同一战壕的战友，什么时候开始变了呢？

提到背叛，你会想到什么？有第三者？感情不和？婚姻关系中，到底是哪里出了问题，才会导致出轨或其他形式的背叛？这是一个十分复杂的问题，原因包括以下几个方面。

- 个体差异。一些个人特质会影响一个人是否容易背叛爱人。以前有研究表明，文史类专业出身的人比理工科出身的人更容易背叛爱人，受教育程度越高、年龄较大的人更容易对爱人忠诚，具有较强雄性特征的人（无论男女）会更加开放等。

但上述研究并非一定成立，世事无绝对，还是要因人而异。

- 外在环境的诱惑。当外界的可替代选择很多时，背叛也会变得更加轻而易举。比如在灯红酒绿中，尤其是身居要位、财富自由的人，唾手可得的诱惑很多，周遭的人和事相对复杂和多样，这也会降低背叛的成本。

- 内在家庭关系。家庭中遭受的压力，包括新生命的来临、亲人的离世、工作的变故、经济的损失等，都会成为应激源，像导电一样，刺激整个家庭系统。这时，若家庭成员没有很好地适应这些压力变化，也可能导致背叛发生。

- 文化背景和历史渊源。有些文化背景或特定时期对婚姻的忠诚和承诺并不重视，也会形成一种社会风气。比如在 20 世纪二三十年代，社会对婚姻和家庭相对不重视，所以会出现比其他时期更为混乱的婚姻或爱情形态。

看到以上内容，你是不是觉得有些无力，感觉这些都是无法完全避免或控制的情况。作为婚姻的实际经营者，我们如何才能掌控自己的婚姻，控制或者避免背叛的发生呢？

其实，大家无须惊慌，对关系最大的保护伞就是我们对关系的忠诚。有研究表明，忠诚的爱人会与伴侣相互依赖，并且通过对爱人的积极错觉美化彼此，同时让其无视其他有吸引力的异性。那么，如何让伴侣们变得更加亲密、对彼此更加忠诚呢？以下是在心理学研究中论证有效的促进亲密关系的做法，请试着去做。

- 愿意为对方付出。有时哪怕只是很小的付出，比如去一家自己不愿意去，但爱人想去的餐厅。

- 鼓励爱人突破自我。心理学上有一个米开朗基罗效应，它是指当一个人期待爱人变成什么样时，爱人就会向那个方向成长。在亲密关系中，我们要让伴侣感受到，跟他在一起，我们成了更好的自己。这会让关系更牢不可破。

- 包容伴侣的坏情绪。每个人都会因为某种原因产生坏情绪，只要对方的挑刺、冲撞是偶尔或者暂时的，如若此时我们能以平常心包容对方的行为，而不是反唇相讥、步步紧逼，亲密关系会更容易建立。

- 找寻刺激新玩法。生命不息，折腾不止。多找一些可以和爱人一起参加的有趣活动，找回初恋的感觉。

- 选择原谅。选择原谅并不是懦弱，而是放宽心，让我们有机会体会更多的幸福和快乐。原谅也会帮助犯错者反思和反省。

以上内容说起来容易，但要想真正做到，其实很难。比如包容伴侣的坏情绪，很多时候我们觉得自己的确需要包容对方，但在生活中又忍不住还击；比如找寻刺激新玩法，好像每年出国旅行一两次就可以做到，但平日里不容易留心、多给夫妻感情留一些空间和安排。

在本案中，李女士和孙先生之间的感情从什么时候开始发生了变化，我们不得而知。根据时间推断，在李女士发现孙先生出轨的那年，孙先生就已经在家外有了家。也就是说，在李女士已经发现孙先生出轨的前提下，孙先生还是义无反顾地选择背叛相濡以沫十几年的发妻。孙先生为什么会抛妻弃子、另安新家呢？以孙先生的社会经济地位，身边条件好的异性应该不在少数。但正是这个凭借"三分温柔"的女人，会哄人，就让孙先生一门心思地投入其中。事业有成的孙先生，容易遇到各式各样的诱惑不假，同时，我们也能看到，这个第三者之所以可以插足孙先生和李女士的婚姻，也是因为她提供了温柔、体贴、关怀的部分。之后的十几年内，李女士和孙先生的夫妻情意是如何维系的，我们可以从孙先生的一句话中看到一些端倪。"我让她住大别墅，我给她买了那么多包，我已经仁至义尽了，该给的我也都给了，夫妻这么多年，何必抓着不放。"难怪李女士会觉得心寒，因为夫妻相伴多年，另一半竟然觉得自己想要的只是这些物质上的东西，而夫妻之间的情意，早就灰飞烟灭了。

人生海海，对于我们而言，与另一半携手共度余生之时，路途中会有灿烂无比的风景，也会经历恶劣、极端的天气。在这个过程中，我们不能为了自己继续赶路，就轻易放弃枕边人。既然我们选择此生把与双方的交集做到最大，那在遇到干扰婚姻的困难时，就不能轻易言败。婚姻的状态不是一成不变的，所以婚姻中的我们要不断地适应和经营婚姻。正所谓，"执子之手，与子偕老"。

第 5 章

在三万英尺的高空相爱

林语堂说：美满婚姻，需要夫妻彼此的习惯；就像一双旧鞋，穿久了会变得分外合脚。

草率结婚，律师助女方争取到 30 万元补偿

> 婚姻就像一座围城，
>
> 城外的人想进去，
>
> 城里的人想出来。

有人调侃说，所谓的一见钟情不过是见色起意。现在，刘远信了。对面的女孩身材高挑，肤色白嫩，鹅蛋脸，有一个小酒窝，大大的眼睛，笑起来甜甜的，让人忍不住就跟着一起笑了起来，声音也很好听。刘远想，这个女孩像春天的早晨在枝头蹦跶的小鸟。

家庭条件优越的他从不觉得自己哪里差，但在这个女孩面前，他突然有些不太自在。自己的衣服有没有乱？发型有没有打理好？她喜欢自己今天的香水味道吗？就在这一刻，刘远觉得 28 岁的自己像是 18 岁的毛头小子，陷入了爱情。

26 岁的张佩佩是一名空姐，工作原因，她经常昼夜颠倒，谈了好几个男朋友都分手了。对方都很乐意有一个当空姐的女朋友，可一提到结婚，他们总是犹豫不决。几年下来，她自己不免有些焦虑，在别人的介绍下，她认识了目前的相亲对象刘远。

这就是二人的相遇。在恋爱关系中，每个人都积极投入，发挥自己的主观能动性，两个人的关系就不会是两条相交的直线，在联结点聚集后又渐行渐远。刘远决定主动出击，他多次邀请张佩佩出去玩，但因为工作，张佩佩十次中有七八次都去不成。于是刘远想了一个办法。

飞机马上就要起飞，张佩佩身穿空姐制服，体态优美端庄，正在检查乘客们的行李有没有安置好，提醒乘客系好安全带。还有三步、两步、一步。"先生您好，请系好……"声音戛然而止，是刘远！刘远买了一张机票特地来看张佩佩，他冲着她笑，她也笑了，就在这一刻，他们在三万英尺[①]的高空上相爱了。

飞机落地后，张佩佩完成交接工作，刘远一直在外面等着。

---

① 1 英尺约合 0.3048 米，此处借用励志歌曲《三万英尺》的表达。——编者注

最开始，二人一阵沉默，不知道谁先起了动作，两个人的手紧紧地牵在了一起。很快，刘远向张佩佩求婚了，二人互许终身，领证结婚。婚后第二年，张佩佩就生下一个男孩，取名刘子轩。

人人都以为"得到就变心"的故事绝对不会发生在自己身上，可是很多人难逃这个魔咒。

这段爱情的保质期很短。张佩佩的工资是按飞行时间计算的，多飞多得。为了照顾家庭，张佩佩不再飞国际航线，改飞国内航线，但工作时间还是极不规律，很少有时间与丈夫深入交流。双方结婚前缺乏了解，结婚的决定做得过于草率，婚后既要带孩子又要忙工作，夫妻俩交流更少了，感情日益淡漠。

公公婆婆也看不上儿媳的职业，他们认为儿媳天天在外抛头露面，自己的儿子工作稳定，是北京本地人，家里也小有资产，儿媳肯定是贪图自己家的财产，没安什么好心。因此，他们言语间对张佩佩多有嫌弃。张佩佩从小也是被捧着长大的，听到婆婆的酸话，有时候不愿意搭理，对方说得过分了，她也会直接还嘴，矛盾越发升级。令张佩佩没想到的是，自从生下儿子，刘远对自己更是日益冷漠，对自己不闻不问，甚至指责自己不顾家庭，只知道忙工作。"你答应过我，婚后我可以继续从事自己喜欢的工作。"张佩佩愤怒地对刘远说。刘远只是满脸不耐烦，摔门离去。

僵持了几年后，终于有一天，张佩佩和同住的公婆发生争执，丈夫刘远没有从中调解，反而指责张佩佩不顾家庭，双方冲突加剧。最后，刘远及其父母竟然将张佩佩轰出了家门，将她的个人物品扔了出去，还拒绝她见自己的儿子。

无奈之下，张佩佩独自在外租房居住。一个月后，张佩佩收到法院的传票，丈夫刘远起诉离婚，认为双方结婚过于草率，三观不合，无法继续共同生活。张佩佩心里非常委屈，刚开始坚决不同意离婚，但是回顾二人的婚姻，张佩佩发现丈夫一家在财产方面一直防备着自己。婚后夫妻俩所住的房产是刘远父母在他们婚前全款购买，登记在刘远名下。刘远名下还有一处天津的房产，该房产也是他婚前购买的，但是婚后还在还贷。结婚五年多，刘远从未向张佩佩透露过自己的收入情况，但张佩佩曾经发现刘远账户内经常有上百万元的转账流水。夫妻俩婚后共同出资，用刘远婚前所购车辆置换购买了一辆新车，但当时夫妻俩名下都没有北京车牌，刘远婚前车辆也是登记在其母亲名下的。夫妻俩经过商量，将新车也登记在了刘母名下。

张佩佩意识到这段婚姻本身就是错误的，二人的感情再也无法挽回了，所以决定离婚，随后委托了代理诉讼。张佩佩表示，自己经常有飞行任务，工作时间不固定、昼夜颠倒，在北京没有稳定住处，虽然夫妻俩感情不好了，但她相信刘远及其家人会照顾好孩子，因此主动放弃了孩子的抚养权。但是她表示，虽然夫妻名下没有共同财产，但是男方经济条件优越，她在婚姻里受了很大的委屈，对方应该给予补偿。

接受委托后，女方代理律师向法院申请了多份调查令，调取了刘远名下十余个银行账户两年半内的流水情况，以及公积金的缴存情况。通过对数十万笔银行流水信息进行系统梳理，代理律师发现刘远每月收入不过一万余元，且负担着全部家庭开支，刘远用于炒股的资金都来自其母亲的账户。同时，张佩佩也在替其父母理财，因此双方也有较大数额的转账。在法庭上，女方代理律师认为刘远与母亲之间的转账数额并不完全对等，要求分割刘远名下不合理支出的钱款。在法官拒绝女方分割婚后还贷的请求时，女方代理律师当庭据理力争，同时坚决要求分割刘远母亲名下车辆的折价款。在女方代理律师的努力之下，刘远同意不分割张佩佩名下财产，同时给予张佩佩30万元折价补偿款。

本案经调解结案。法院准予双方离婚，婚生子刘子轩归刘远抚养，张佩佩每月支付2000元抚养费，具有探视权。刘远支付张佩佩30万元财产补偿。

第二次开庭时，张佩佩表示同意离婚，将孩子抚养权给刘远，所以双方只在财产方面存在争议。在五年多的婚姻关系中，双方的财务基本各自独立，名下也没有共有的房产和车辆，但是，双方的财产争议有几个法律点值得我们关注。

第一，夫妻一方代人理财的银行流水如何认定。在本案中，刘远和张佩佩都在替各自的父母理财，父母将钱财交给孩子理财，一般不会签署代理理财的协议，但理财有亏有赚，所以父母转给孩子的金额和孩子转回给父母的金额必然是对不上的。况且，资产丰厚的父母赠与钱财给子女也很常见，按《中华人民共和国民法典》第一千零六十二条规定，婚后受赠的财产是夫妻共同财产。在这类案件中，赠与款与理财金混同在一起，离婚诉讼时受托理财的一方很难解释清楚，因此，理财金有很大可能被分割。在刘远和张佩佩的案件里，我们基于刘远与父母这些大额资金往来，为后续争取财产补偿打好了事实基础。

第二，离婚诉讼中如何处理借名购买的车辆。在北京、上海、广州、深圳等大城市，购车容易，车牌难得，所以经常出现借名购买车辆的情况。刘远家里只有刘母一个北京车牌，刘远婚前所购车辆就登记在刘母名下。婚后双方出资，用刘远婚前所购车辆置换购买了婚后车辆，车辆现值 36 万元，但需扣除婚前车辆价值 18 万元。

在离婚诉讼中，法院对夫妻俩借名购买的房产、车辆都不予处理，需要双方另行起诉，确定财产归属后再行处理。为了节约诉讼成本，本案女方代理律师努力周旋，通过调解分得了车辆的折价补偿款 9 万元。

第三，婚前房产婚后独自还贷部分是不是夫妻共同财产。刘远名下有两套房，北京房产系婚前全款购买，张佩佩当然无权分割；天津房产虽系刘远婚前购买，但婚后有还贷，每月约还贷1700 元。在庭审中，刘远辩称其一直使用自己的工资还贷，但女方代理律师当庭指出，婚后夫妻双方的收入都是夫妻共同财产，刘远用自己的工资还贷，就是在用夫妻共同财产还贷，张佩佩依法律规定可分得相关权益。在女方代理律师的抗争下，张佩佩分得了婚后还贷及其增值部分，合计 9 万元。

除了上述财产，张佩佩的公积金账户内还有约 28 万元余额。女方代理律师向法院表明，张佩佩从 2007 年开始缴纳公积金，婚后也从未提取过。婚前缴纳的 13 万元应为其婚前个人财产，只有 15 万元属于夫妻共同财产。同时，女方代理律师基于男方与其父母间不对等的大额转账往来，让男方同意支付 30 万元的财产补偿，而张佩佩名下财产无须分割。

这场一见钟情式的婚姻最终以失败告终。爱情的荷尔蒙不再分泌，急促的心跳渐渐平稳，我们终究要面对生活里的柴米油盐酱醋茶。相爱容易相守难，结婚不能草率。

拿什么拯救你，我的爱情

世人都在追求"一生一世一双人"的美好爱情，希望婚姻也能定格在童话故事里那句"从此幸福快乐地生活在一起"。但当激情退去，生活的一地鸡毛显露出来后，还有什么能唤回那最初的美好？

说到爱情，有时候大家会有一个误解，就是将爱情等同于性的吸引，也就是等同于激情。其实不然。著名的心理学家罗伯特·斯腾伯格把爱情认定为由3种成分组合而成的产物，这3种成分是亲密、激情与承诺。

亲密指的是能够很亲近与私密地沟通、分享，这个人是你无话不说的玩伴，也是你难过时第一个想要与之倾诉的特别的存在。

激情指的是这个人让自己有以性为代表的欲望与冲动，想要在这个人身边，想要强烈表达对这个人的感情。

承诺指的是守护这份爱情的决心与自我约束。

这 3 种成分在自由组合之后可能形成 7 种不同状态的爱情形式。

- 喜欢——只有亲密。这种关系更多地出现在友谊中，比如你很欣赏某位朋友，可以和他分享很多自己的感受，但仅此而已，你不会对他产生更多的想法。

- 迷恋——只有激情。这种关系更像对一个素未谋面的人产生的一种非常强烈的情感体验。比如在路上碰到某人，特别想和他搭讪，即使自己并不了解对方。

- 空爱——只有承诺。这种关系更像搭伙过日子，只是用一纸婚约将二人联系在一起。

- 浪漫之爱——亲密和激情的组合。这种关系富有激情，同时也能和对方亲密无间，特别符合大部分人对恋爱的憧憬。但激情是有时限的，这种关系缺失承诺，所以只能任由感觉来得快去得快，同时来去自由。

- 相伴之爱——亲密和承诺的组合。这种关系更像老夫老妻之间的感觉，双方无话不说，同时对彼此的关心和爱护不减，用心呵护着双方的关系。其实这也是夫妻关系中更为长久的状态，虽然失去了激情，但彼此相伴是让自己更珍惜的宝物。

- 愚昧之爱——激情和承诺的组合。这种关系如同这个名字所体现的，只存在激情和对关系的约束，彼此缺乏深入的了解以及相互的沟通与扶持，而这种亲密的缺失，也会让之后的关系变得岌岌可危。

- 完美之爱——亲密、激情、承诺的组合。这种关系是每个人都期待的，两个人既是精神上的爱侣，又是最亲密的伙伴，还是激情四溢的情人。但这种状态在没有其他力的作用下很难长久维持。

看了以上 7 种爱情形式，你有没有发现这和我们生活中遇到的爱情有很多相似的地方？通过这个理论，我们可以解读一些生活中常见的现象，它也给我们指了一条守护婚姻与爱情的明路——重视亲密与承诺。

美国著名心理学家戈特曼曾说："人们对婚姻生活中的性、浪漫与激情是否感到满意，无论对妻子还是对丈夫来说，70% 都取决于夫妻友谊的质量。"在关系中，激情固然能引发最初的缘分，但如何守住爱情，还要仰仗提供给对方的亲密感以及彼此对这段关系的重视与守护。激情退去，若没有足够的亲密来兜底，关系还是会陷入僵局。

下面是一个基于友谊的爱情量表，请你回想目前最亲近的爱情关系，并对你的符合程度打分。

```
       1          2          3          4          5

强烈反对                           强烈同意
```

（1）我认为我们的爱情建立在深厚而持久的友谊之上。

（2）通过享受共同的活动和互相关注，我能表达出对伴侣的爱恋。

（3）我对伴侣的爱恋包含坚实、深厚的感情。

（4）我们爱情的一个重要部分就是我们能一起欢笑。

（5）伴侣是我认识的最可爱的人之一。

（6）与伴侣共同的友情是我对他爱恋的重要部分。

这个量表的常模显示，已婚男性的平均得分为 25.2 分，已婚女性的平均得分为 26.4 分。男性一般得分为 21 ~ 30 分，女性为 22 ~ 30 分。供你参考。

在本案中，刘先生和张女士在浪漫的高空中相知、相许，一见钟情式的浪漫让两个人都急于献出对婚姻的承诺。可高空中并不是两个人生活的主舞台，在高空之下、在两个人亲手搭建起来的爱巢中，还有在高空中未曾参与其中的两个人背后的家庭，以及一个看似小小的，实际却占用太多两个人本就不多的共同时光的儿子。之前以为不是问题的问题都被摆到了桌面上，比如张女士本被刘先生支持的空乘工作，比如刘母之前没有提及的对张女士的结婚动机及家境的猜忌与嫌弃，比如刘先生对张女士不顾家的指责及其背后的期待。就像本案中提到的那样，聚少离多的生活让本不熟知的两个人有了越来越多的误会，沟通和化解矛盾的机会却越来越少。被时间也好、空间也罢偷走的亲密，让两个人的心渐行渐远。面对刘先生父母的指摘及其在财务上的安排，刘先生在大家和小家中明显选择了前者。当激情淡去，亲密和承诺又没有东西来兜底时，爱情及婚姻的逝去就成为必然。

钱锺书在小说《围城》中说婚姻像一座围城，城外的人想进去，城里的人想出来。如果用爱情三角理论来分析，着急进来的人，可能手握激情或承诺有恃无恐，而想要出去的人，却可能空守着这个一纸婚约的"承诺"、回味着有着无限激情又亲密无间的婚前时光。若是我们都能预知婚后激情将退去的必然性，同时增进与爱人之间的亲密交流与沟通，我们是不是能更加享受围城中的日子呢？

第 6 章

老夫少妻

夫妻建立了轻松愉悦的共生关系，才会持续不断地为婚姻注入稳定持久的爱。

忘年恋二十年情断，律师从孩子的利益
出发为老人争取三套房产

大部分家庭纠纷不是纯粹的法律问题，

而是与社会发展和情感经历交织在一起的问题。

这需要合作性、系统性和跨领域的干预措施以克服

家庭中存在的障碍，满足家庭情感上的需要。

杨先生来到律所的那天，我们无法想象他曾是一位坐拥数千万资产的商界精英。他叫杨波，年逾古稀，头发花白，略微佝偻着身体，拿着材料袋的手上遍布老年斑，脸上是驱不散的愁云。本应安享晚年的杨波，却遭遇人生巨变，掌握其全部资产的妻子

突然提出离婚。杨波现在身无分文，连律师费都付不起。

时间倒回约 20 年前，杨波以某物业管理中心的名义，以 300 万元受让北京某中学弃用的宿舍楼。该宿舍楼土地使用面积为 400 平方米，建筑面积达 1500 平方米。据杨波自述，随后他拆除宿舍楼，在原土地上新盖了普通住房，建房时间无法证明。为顺利办理房屋的所有权证书，杨波将新建住房出售给第三人，并回购了其中三层的四套房屋，即 301 室、302 室、303 室、304 室，共计 427.94 平方米，其中 301 室和 304 室面积为 134.07 平方米，302 室和 303 室面积为 79.9 平方米。2009 年 11 月 13 日，该四套房屋的产权顺利登记在杨波名下，那时的他意气风发、家境不凡。

杨波有过一段婚姻，并育有一女。在第一段婚姻期间，杨波与朱玉因工作原因相识并相恋。为此，杨波与前妻离婚。朱玉比杨波小 30 岁，二人于 2002 年年底登记结婚。此时，杨波已经 53 岁，朱玉 23 岁。婚前，朱玉于 2002 年年初生育长女杨大妹；婚后，朱玉于 2008 年 5 月生育次女杨小妹。

平时，朱玉在外工作。她学历不高，只能做一些薪资较低的活，接送两个孩子上下学的工作就交到了杨波手里。他每天起床后叫醒两个孩子，为她们做好早饭，开车送孩子上学。因为年龄悬殊，杨波经常被不知情的家长和老师当作两个孩子的爷爷。对孩子们而言，过于年迈的父亲在很多话题上与她们没有共同语言，因此，两个孩子和母亲更亲近一些。

2009 年 11 月 27 日，应朱玉的要求，杨波将北京某区四套房屋产权转移登记至朱玉名下。朱玉家在京郊某村，婚后双方花巨资在该村自建了一处六层框架楼房，并承包了村里 100 亩^① 耕地和 58 亩废坑地，但是收益不确定且缺乏相应证据。目前，村里的自建房以及承租耕地、废坑地的投资项目均由朱玉控制和管理。2010 年，双方购买宝马车一辆；2011 年，双方购买奔驰车一辆。

时光并没有在朱玉身上留下太多痕迹，她依然年轻貌美，杨波却变得愈发苍老，二人站在一起不像夫妻，更像父女。没有了"成功人士"的光环，朱玉觉得越来越和丈夫聊不到一起去。根据朱玉的陈述，2015 年 5 月，她发现杨波与其他女子发生性关系，杨波对此予以否认，双方为此经常争吵，并开始分居。2015 年 6 月，杨波曾两次转账 250 万元至朱玉的银行账户。

2015 年 9 月，杨波和朱玉签署了一份协议，约定将北京某区四套房产过户至杨波名下，朱玉将 250 万元退回至杨波银行账户；杨大妹和杨小妹愿意随妈妈生活，双方在京郊某村的投资项目及其收益均归朱玉所有，用于两个女儿的生活开支。协议签署后，朱玉并未依约履行，双方继续分居生活，两个女儿跟随父亲生活。

2016 年 4 月，朱玉第一次起诉离婚，因杨波不同意离婚，法院最终判决不准予离婚。2017 年 6 月，朱玉再次提起离婚。此时，

---

① 1 亩约合 666.7 平方米。——编者注

曾经资产达数千万的杨波在生意上接连遭遇失败，房产及其他投资项目均不在其控制下，连律师费都付不起。杨波已近古稀之年，希望能争取到尽可能多的房产，以保障其老年生活。

听完杨波的陈述，办案律师对年迈的杨波心生怜悯，在其无法支付足额律师费的情况下，主动向律所申请延期缴纳部分费用，并立即着手为其应对离婚纠纷。由于杨波夫妇的大部分投资项目为口头约定，投资及收益的证据难以收集，因此办案团队确立了以保障杨波晚年生活为目标的调解方案。办案律师一方面向法院申请调查杨波、朱玉投资项目的准确信息；另一方面主动与朱玉沟通调解方案，表达了杨波只是想晚年生活有保障的意愿。

虽然朱玉离婚的意愿很坚定，但她也是一个可以有效沟通的人。这也让律师感到比较轻松，双方能够心平气和地坐下来听对方在讲什么。在很多家事案件中，一方听不进另一方的陈述，说起话来也夹枪带棒，针锋相对，这并不是真正解决问题的好方式。彼此能够听对方的诉求、双方达到平衡才是解决之道。

通过沟通，我们发现朱玉最在意的还是孩子，她认为自己没有一份很好的工作和学历背景，无法为孩子们提供良好的成长环境。而在此之前，杨波有一些存款，学历水平较高，一直是他在照顾孩子们。我们以孩子为切入点和朱玉沟通，告诉她无论现在争取什么，其实都是为了孩子。因为分居，朱玉已经住到了京郊，但孩子们在海淀区居住和上学，一直由杨波接送和照料。

了解朱玉的需求后，办案团队创新性地提出了双方均认可的调解方案。

第一，投资项目及其收益如何处理。村里的投资项目及其收益均属于夫妻共同财产，但是一些投资项目的原始材料缺失，杨波拿不出投资收益的相关证据，如果走诉讼程序，法院很可能认定这些投资项目没有收益可分割。同时，由于这些投资项目一直由朱玉经营、管理，按照方便生产、生活的财产分割原则，法院倾向于将这些投资项目判归朱玉继续经营、管理。

第二，北京某区房产权属该如何认定。杨波于 1999 年取得该房产的土地使用权（但是建房时间已不可查），建房后又将全部房产售出，随后回购其中四套房产，于婚后取得房产证，并将四套房产过户至妻子朱玉名下。显然，无论建房时间是在婚前还是婚后，由于杨波已将房产过户至妻子名下，四套房产确定为夫妻共同财产，也就是说，杨波可获得一大一小两套房产。

第三，双方的需求与担忧何在。对杨波而言，他已年近古稀，没有精力去经营、管理村里的投资项目，但是希望将部分房产登记在自己名下，晚年可以依靠房租维持生活；对朱玉而言，她希望将房产都掌握在自己手里，防止杨波突然离世后，杨波与前妻的女儿来争遗产。我们合理评估双方的需求后，制定了如下调解方案：朱玉继续经营、管理村里的投资项目，享有项目收益；两辆车，一辆过户给朱玉，一辆过户给杨大妹；朱玉将三套房产过户至杨波名下，以房租收入保障杨波的老年生活，同时杨波立下公证遗嘱，约定百年后其名下的三套房产由杨大妹、杨小妹继承。

美国的婚姻家事学者亚娜·辛格在实证调研了过去20年间家庭纠纷解决方式的转变后提出，大部分家庭纠纷不是纯粹的法律问题，而是与社会发展和情感经历交织在一起的问题。这需要合作性、系统性和跨领域的干预措施以克服家庭中存在的障碍，满足家庭情感上的需要。

我们从接受杨波的代理到拿到法院的调解书，前后不过两个月。从法律上来说，杨波没有太大的优势，因为其大部分财产都无据可查；朱玉对杨波疑似的婚内出轨行为颇有怨言，不肯对登记在册的财产做出让步，案件一度陷入僵局。但是，双方相伴十几年，杨波生病期间，朱玉亦曾给予无微不至的照顾，况且双方还有两个未成年的孩子。在庭审过程中，朱玉表示，她虽然不愿意继续与杨波共同生活，但今后依然会将他当作家人，为他养老送终。

在充分考虑杨波和朱玉的情感、物质要求后，我们提出了符合双方需求的调解方案，最终实现了委托人杨波的诉求。

由于婚姻家事案件的当事人之间存在共同的情感记忆及血缘牵连，律师能够创造性地提出解决方案并获得双方认可。事实上，如此"互让互利"的调解方案在其他民商事领域是不可想象的。

即使分手了，但我们依然是一家人。过去的事情不予置评，我们需要共同面对未来。

婚姻中的需求

心理学家格拉瑟提出人类在亲密情感中有五大需求——生存、爱与归属、权力、自由、乐趣（见图6-1）。人生中的种种行为就是为了满足自己的各种需求而做出的选择。

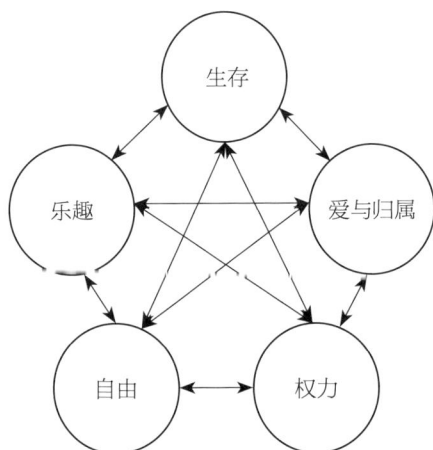

图6-1　格拉瑟亲密情感中的五大需求模型

在这里，生存是指对生活稳定性的需要，聚焦在亲密关系中，就是伴侣能否为自己提供稳定的生活，是否有预防未知风险的能力。比如许多个体在步入婚姻之前，要求伴侣有房子，这代表一定的物质基础，从心理需求来说，这代表个体需要有一个能遮风挡雨、稳定的居所。许多人希望伴侣能有很好的收入、具有一定的理财能力，是希望为子女储蓄足够的教育资金，预防自己或家中老人突然患病等类似的突发事件，从心理层面上说，这都是追求对未来可能发生的事件拥有掌控感。

爱与归属的需求是指亲密关系中的个体对于爱的体验的需求，具体表现在能否在日常生活中感受到伴侣对自己的关爱与需要，"我能否感知到你是爱我的，你是否会做出一些爱的表现"。比如许多个体会强调生日、节日等关键日期要有"仪式感"，伴侣有所表示，能够证明他心里有自己。"你每天是否会花时间和我在一起；在我不开心的时候，你能否察觉我的情绪，能否站在我的角度共情我的感受"，这能够证明对方是否在意自己。

权力的需求是指个体对亲密关系中价值感的需求。"你能否看到并认可我在关系中的付出，你是否足够重视我"。许多伴侣在吵架时会说："我每天这么辛苦，都是为了这个家，你看不到吗？"做家务的一方抱怨时，另一方会认为问题在于他不想做家务，实际上，伴侣只是想听到："你每天把家里收拾得很干净，让我生活得很舒适，我能看到，很感谢你。"很多时候，伴侣在意的不是自己辛辛苦苦地付出，而是自己的付出没有被对方看到、认可。

自由的需求是指个体希望在亲密关系中保持一部分自我独立的需求。"你能否接受我有一些自己的爱好，我和你不一样；你能否给予我一些个人时间，让我做自己想做的事情；作为家庭的一员，我能否拥有专属于自己的心灵空间。"有些伴侣很难接受另一方有单独的朋友圈，而自己无法参与其中，这实际上就是爱与归属的需求和自由的需求发生了冲突。婚姻中的归属与自由并不是非黑即白、非此即彼的。个体在同一时间可以拥有不同的角色。在婚姻中是"我们"，在职场或其他的朋友圈中仍然可以是"我"。只不过婚姻的承诺与责任让我们有了一些"限制"，比如忠于伴侣、维护家庭的利益等，这并不意味着我们在履行婚姻承诺的基础上不能去探索其他可能性。比如，婚姻的承诺并不会限制我们开发更多的兴趣爱好，我们对于伴侣的责任要求我们不进行高度危险的行为，不把家庭置于困境当中，但在防控好风险的前提下投入自己的兴趣爱好、发展自己渴望的事业、实现自己的人生理想，都可以在伴侣的支持下勇敢地尝试、满足自由的需求。

乐趣也是个体的重要需求之一，它能够提高我们的生活品质，让个体和婚姻都保持鲜活。为婚姻保鲜不是静止不动，而是像水一样不断向前流动，这样，婚姻才能充满活力。当我们将精力都放在对生存稳定性的追求、对关系安全感的追求上时，往往会忽略乐趣的需求，于是许多人会发出"生活就是柴米油盐"这样的感叹。

当然，我们并不是说亲密关系一定要满足这五个需求，也要看个体的性格、成长经历、遭遇的重大事件和所处的人生阶段。比如，在大城市打拼奋斗的人追求生存稳定性，当他们的物质积累达到一定程度时，对于爱与归属、权力、自由、乐趣的需求会逐渐增加。缺乏安全感的人更关注爱与归属的需求，希望每天都和伴侣依偎在一起，往往忽略了追求自己独立自由的空间。可见，缺少什么，我们就会集中精力去追求什么。

对本案的当事人来说，23岁的朱女士初入社会，学历不高，面对充满压力和挑战、生活成本相对较高的大城市生活，选择经济条件优渥、成熟而又愿意为自己付出的杨先生能够满足她对于生活稳定性的需求，于是老夫少妻步入了婚姻。

而多年后，年龄的差距让这对夫妻各自的需求发生了变化。年近古稀的杨先生，随着年龄的增长、身体状况的下降，对于生活稳定性的需求会更多，希望自己老有所依、生病了有人照顾、拥有足够的养老资金保障自己的晚年生活；而正值中年的朱女士，累积了多年的社会阅历，正处在成功、成熟、有魅力的人生阶段，从情感需求来说，权力、自由、乐趣都可能是她渴望满足的生活需求。需求的不匹配，难免让两个人越走越远。

相爱的两个人会心甘情愿地为对方给予与付出，但有时候往往不知道对方需要什么，或者把自己认为重要的事物给予对方。

在我的咨询经历中，我遇到过很多伴侣，一方说："我把我的工资卡、存折都给她了，我在外面没日没夜地打拼，她还是不满意，她到底想要什么！"而另一方往往说："他虽然把钱给我了，心却不在我这儿，可能工作比我重要得多！"你看，一个人在说生存稳定性的需求，一个人渴求陪伴，表达着对爱与归属的需求。

因此，恒久保鲜的婚姻，是在执子之手、共同成长与发展的过程中，满足对方的情感需求。

下面的测试可以帮助大家探索当下你对亲密关系的需求是什么。仔细阅读操作方法，做出你自己的选择。你的选择会随着时间、经历和成长的变化而变化，因此它仅代表当下你对亲密关系的需求。你也可以每过一段时间重新测评一次，看看随着双方理解的加深、关系的调整，你的需求是否发生了改变。

亲密关系测试

操作方法

在亲密关系中，哪些需求是你觉得不能放弃的？换句话说，如果这些需求被伴侣忽视，你会无法忍受。请从表 6-1 中选择你认为不可缺少的 10 项需求（或者划掉你认为可以忍耐、没有那么坚持的需求）。

表 6-1　亲密关系需求表

勤奋工作	接纳我、包容我	在意我、配合我	能够自在地表达自己	会营造浪漫的气氛
稳定收入	觉得被爱、被需要	重视我的意见	沟通时有选择和弹性	品尝美食盛宴
务实不投机	倾听我、了解我	吵架后先向我道歉	能安排自己的生活	学习新的事物
协助我的事业	懂得照顾我的需要	尊重我的价值观	拥有自己的朋友圈	懂得欣赏美的事物
善于理财	和我的好朋友有好的互动	在关系中我是重要的	在关系中具有独立性	幽默风趣，会逗我开心
共同分担家计	彼此有充足的信任感	尊重我的家人和朋友	不强迫我做我不愿意做的事	对生活有正向的观点
衣食无忧的生活	为我着想、体贴我	分担家务	鼓励我做我想做的事	拥有共同的兴趣和嗜好
身体健康	彼此分享、有话聊	欣赏我的能力	尊重我的隐私	有意想不到的惊喜
不让我有经济负担	当我需要陪伴时在我身边	在关系中我是有自信的	接受我和其他异性做朋友	旅行游玩，到处走走
有上进心	专情，只爱我一个	肯定我的付出	有自己的空间	有生活品位

测试结果

统计每一列所选择的数目，把数字写在纵列的最下方。从左到右，你会得到5个数字。这5列分别代表亲密关系中，你在生存、爱与归属、权力、自由、乐趣5个方面的需求。

根据结果，你可以思考：你在哪一项上的需求最多？在哪一项上最少？有没有哪个选项勾起了你的一些回忆？为什么你会毫不犹豫地选择某个选项？

你可以邀请伴侣一起做这个测试，选择时请不要互相打扰，完全尊重对方的个人想法。将你们两个人的5个数字进行对比，在某项需求上，你们的差异越大，表明你们在生活中更容易因为这项需求存在不理解与不满足而发生争吵。当然，这并不意味着你们的情感出现了问题，而意味着这是你们发现对方需求、增进情感关系的入口！你们可以分享彼此对每一个需求选项的理解，例如，"我选择了'当我需要陪伴时在我身边'，因为……"通过这样的沟通，你们能够更精准地为你所爱的人给予与付出。

记得有一次，在我的咨询室中，一对第一次来咨询的夫妻咨询开始没多久就吵了起来，丈夫说妻子总是限制他和朋友们外出聚会，老同学聚会一次不容易，结果妻子不断打电话催促，回家之后还问长问短。"我已经尽量迁就她不出门了，下班到点回家，还不信任我吗？这样相处有什么意思？"妻子说："他下班回来也不说话，平时也和我聊不上几句，感觉我俩距离越来越大，我很怕自己跟不上他的节奏，很怕他说我落伍，所以只能防着他周围的人。"随着咨询的深入，丈夫看到妻子有对爱与归属的需求。这对夫妻最后一次前来咨询时，丈夫开心地对我说："原来这个问题这么好解决！我以前觉得她太敏感，好多工作压力的事儿不敢对她说，其实她想听，她愿意每天和我聊天。现在我们的沟通增多了，我发现她对我也放心了。"

婚姻保鲜，没那么复杂。给予与付出也不需要那么大的投入。也许你觉得不重要的事情，对他来说却不可或缺。

第 7 章

爱 情 骗 局

真实胜过完美，一
旦我们懂得什么是真实，
就会深刻地感知完美是
不可靠的东西。

留学女遭骗婚只求解脱，律师助其获得 90 万元财产补偿

那时的她还太年轻，

不知道所有命运赠送的礼物，

早已在暗中标好了价格。

　　蓝天、白云、绿茵地、白纱、升起的热气球、大片大片盛开的红玫瑰，浪漫的音乐在耳边响起，亲朋好友在身边，所爱之人在眼前。这宛如电影经典桥段的画面，符合大多数女孩对于爱情的幻想，也正好戳中了纪媛的心。"嫁给他，嫁给他！"在朋友们的欢呼声中，纪媛接过了对方手中的订婚戒指。

二十出头的年纪，对于恋爱和婚姻仍有憧憬。"我想有一个露天的婚礼，就在英国——我们相识的地方，然后大家一起在草地上跳舞。""好啊。"身旁的男人温柔地看着她，纪媛忍不住红了脸庞。还记得最初见面时，她满心不愿意：都什么年代了，还搞什么相亲。她在电话里和妈妈抱怨道："我才二十出头，你们就这么着急把我嫁出去？""哎呀，只是交个朋友嘛，正好听你阿姨说，人家也在英国读书，家里也是开公司的，你们一定很聊得来。""行行行，我知道了，我去还不行嘛，叫于宏翰是吧……"

他们约在河畔的一个咖啡厅。一如既往，纪媛又迟到了。她匆匆赶到的时候，男人已经等了半个多小时，脸上却丝毫不显急躁。他身高一米八，皮肤白皙，说话不紧不慢的，嗓音清朗。纪媛道歉后，他很有绅士风度的回答一下子获得了纪媛的好感，两个人一起在附近逛了很久。

相处几个月后，纪媛和于宏翰确立了恋爱关系。本来纪媛不着急结婚，她觉得自己还年轻，等几年再结婚也不迟，可于宏翰显得有点着急。"宝贝，我太想把你娶回家做我的妻子了，嫁给我好吗？"架不住于宏翰甜言蜜语的攻势，二人相识一年后，见过双方父母，就在英国登记结婚了，随后生育了女儿于灵灵。

王子和公主的幸福婚姻并没有持续很久。生下女儿后不久，有一天下午，于宏翰从自己爸妈家回来之后就阴着个脸，纪媛问他，他不吭声。没想到一天之后，于宏翰竟然向纪媛提出离婚的要求，纪媛完全不知道为什么。面对丈夫的冷漠与拒绝沟通，纪媛向爸妈打电话倾诉，才从妈妈嘴里听到缘由。原来于家在二人结婚之后曾提出，两家都是亲家了，可以开展生意上的合作。由于公司评估后没有通过，纪父拒绝了对方的请求，纪家父母怕女儿多想，也就没有告知这件事。两方一合计才发现，或许是这个原因，于家才给于宏翰施压，要求双方离婚。纪媛得知全部经过后极度愤怒，原来自己眼中美满的婚姻竟然是别人算计来的，目的就是赚钱。夫妻俩由此产生了争执，2015 年 10 月，纪媛带着女儿于灵灵搬出居所，双方开始分居。

2015 年 3 月，于宏翰曾与案外人光女士签署了房屋买卖协议，购买了北京某区某处房产（以下简称"双桥房产"），首付款及相关税费共计 215 万元，贷款 70 万元。首付款及相关税费里，38 万元来自宏翰父亲，159 万元来自宏翰亲友的借款，18 万元来自纪媛朋友的借款。

2015 年 5 月，纪媛向多位朋友借款 18 万元，其中 5 位朋友共计 13 万元的借款直接转至于宏翰的支付宝账户，1 位朋友的 5 万元借款转至纪媛的银行账户，但纪媛于第二日即转至于宏翰的支付宝账户。2015 年 5 月，该房产登记至于宏翰名下。2015 年 8 月，纪媛归还 6 位朋友的 18 万元借款。2015 年 9 月，于宏翰的父母转款 18 万元至纪媛账户。该房产现价值约 510 万元。

二人分居后，纪媛提出离婚。因双方系在英国登记结婚，无法在国内协议离婚，只能起诉离婚。按照《婚姻登记管理条例》第十二条的规定，结婚登记不是在中国内地办理的当事人，婚姻登记机关不予受理离婚登记。因此，纪媛只有通过诉讼的方式才能在国内解除婚姻关系。夫妻俩均为中国国籍，按照现行法律的规定，此案可由被告住所地或者经常居住地的法院立案。

2016 年 5 月，纪媛委托我们，正式向法院提起离婚诉讼，但于宏翰当庭表示不愿意离婚，法院于 2016 年 10 月驳回了纪媛的离婚诉求。

在咨询过程中，纪媛讲述于家曾先后安排数人与于宏翰相亲，实为通过婚姻获得生意渠道。婚后，于家未能如愿，随即翻脸，挑拨纪媛与于宏翰的关系。从一开始，这场婚姻对纪媛来说就是一场骗局。如今，纪媛身心俱疲，只想迅速从这段充满算计的婚姻里解脱，甚至愿意承受财产损失。

办案律师了解案情后，深刻感受到这个对爱情充满憧憬的女人面临婚姻骗局时的痛苦心情，决心运用法律全力为其化解伤痛。办案团队夜以继日地翻阅案卷，认为纪媛有权分割婚后房产，在纪媛明确表示不要求分割房产的情况下，办案律师受职业道德驱使，极力劝说纪媛分割房产，以保障其合法权益。

2017 年 5 月，纪媛第二次起诉离婚。于宏翰答辩称纪媛有婚外情，且认为双桥房产系其个人财产，不属于夫妻共同财产。在庭审过程中，对方律师认为，按照法律规定，双桥房产系于宏翰父母出资购买，登记在于宏翰个人名下，应为于宏翰个人财产。于宏翰当庭陈述纪媛向朋友借款 18 万元用于购车，未用于购买该房产。对此，女方代理律师提交了完整的转账记录，揭穿了对方的谎言。法院最终认定 18 万元借款以及 70 万元房贷均系夫妻共同财产出资。截至本案结案时，双桥房产有 60 万元房贷尚未还清，不能适用对方律师提到的法律规定。

纪媛希望尽快解除婚姻关系，双方同意将纪家亲友的借款作为于宏翰个人的出资，于宏翰今后亦不向纪媛主张共同承担债务。双方确定分割的部分为纪媛利用借款支付的部分以及 70 万元房贷对应的部分。基于此，双桥房产的折价款该如何计算呢？

在涉及房产分割的离婚纠纷中，折价补偿款的计算屡见不鲜。法院在确定夫妻双方对房产所占份额时，一般会参考出资来源，并以此为依据计算折价补偿款。但是，在司法实践中，计算方式不同，可能导致结果大相径庭。在分析多份涉及折价款计算的判决后，我们发现法院对于债务增值部分的分配方式是结果差异的决定性因素，以下案例可供参考。

婚后双方共同出资购房，购房总价 250 万元，首付 100 万元，贷款本息 250 万元，登记在双方名下，共同拥有。房子现在市值 500 万元，已还贷款本息 30 万元，剩余贷款本息 120 万元。法院经审理后认定，房子属于女方所有，同时根据双方购房总价款、实际已付房款计算，女方应按照涉案房屋现值的 26% 向男方支付折价款，即 130 万元。法院的计算思路如下：双方实际已支付130 万元（首付 100 万元 + 贷款本息 30 万元），即每人支付 65 万元；男方支付的 65 万元价款占原购房价 250 万元的 26%。

法院的计算看似合情合理，却没有分配双方共同贷款所产生的收益，这部分收益本该是双方共同所有。在本案中，剩余贷款的收益 =（房屋增值率 − 1）× 贷款余额 =（500 ÷ 250 − 1）× 120=120（万元），每人可得 60 万元。因此，男方应获得的折价补偿款 = 130 + 60 =190（万元）。

我们可以从另一个角度来分析。男方分得 190 万元为什么是更加公平的方式？在这个案件中，夫妻各占有房屋 50% 的份额。假设现在售出房屋，得 500 万元，除去未还贷款本息 120 万元，余 380 万元，夫妻俩应各得 190 万元。

在目前北京房价持续上行的背景下，离婚涉及分割的房产往往都有较大幅度的增值，这个增值除了既有出资的增值，也有未还贷款的增值。在婚后购房、夫妻共同举债的情况下，未还贷款的增值部分应由双方共享，然而法院在计算房屋折价款时往往忽略了对未还贷款增值部分的分配，导致结果与现实存在巨大差异。

本案经调解结案。纪媛与于宏翰离婚；于灵灵由纪媛负责抚养，于宏翰每月支付 1800 元抚养费；双桥房产归于宏翰所有，贷款由于宏翰负责偿还，于宏翰须向纪媛支付 90 万元的折价补偿款。

选择开始一段婚姻前，请一定要擦亮自己的双眼，慎重对待。

提升自我，成为更好的我们

恋爱、婚姻要"自主"

"自主"指的是"我自愿地、发自内心地做某件事"。本案中的伴侣双方在面对情感、婚姻，甚至离婚时，似乎都不是那么的"自主"。

回顾纪女士的心路历程：首先被父母安排相亲，所幸对方让自己比较有好感；其次和于先生确定恋爱关系，又被于先生催促结婚；最终婚姻破裂，选择放弃财产，又采纳律师的建议分割房产。我们可以看到，在整个过程中，纪女士似乎一直在接受和妥协，她似乎很容易接受别人的建议，而她的期待就是有一场浪漫的婚礼，婚后甜蜜地生活。纪女士也因这种期待被一时的满意冲昏了头脑，导致对所谓"于家通过婚姻获得生意渠道"这一"骗局"竟然毫无察觉，在浪漫美好的幻想中结婚生子，最终泡沫破裂，一地鸡毛。或许正是因为缺少自主性和力量感，纪女士才在婚姻出现问题的第一时间将自己放置在"受害者"的位置上。

我一直有一个观点：可恨之人，必有可怜之处。本案中纪女士对于先生恨之入骨，但也不难看出，于先生也是一个缺少自主性、被家庭"操控"的可怜人，从这一点上看，他与纪女士可谓"同病相怜"。

当我们的生活被他人操纵、自主性的需求得不到满足时，我们所做的事情、采取的行动就无法让我们获得真正的满足感与成就感，因为我们不清楚自己内心的真实愿望。成功了，这份快乐是因为别人获得的；失败了，我们会加倍感到失落，觉得自己毫无价值。这种状态会让我们的内心处在强大的内耗当中，对挫折的容忍度和对情绪的掌控度会越来越低。

获得爱的"能力感"

其实我一直有一个疑问：姑娘，你真的被骗了吗？

恋爱、婚姻需要很多"能力"，比如表达的能力、沟通的能力、共情的能力、生活的能力、工作的能力等。但是拥有这些能力并不意味着我们就拥有了获得爱的能力感。能力感是一种主观感受，它与真实拥有的能力的水平无关，而是对自己是否有能力的主观感受。拥有获得爱的能力感的人，会更加相信彼此的感情，在遇到困难与挑战时，能够牵起爱人的手，共同渡过难关。

当纪女士的爱人突然提出离婚时，她在第一时间不是选择和爱人交谈、思考是什么原因让伴侣要突然中断这份温馨甜蜜的生活，而是选择向父母倾诉。

虽然本案中的当事人都与自己的原生家庭有着紧密的牵绊，但我仍然想提醒所有在情感关系中的朋友：有些问题需要两个人先尝试处理和解决，不要将父母、亲朋好友牵扯进你们两个人的情感中，这无法让两个人的问题得到有效解决，还会掺杂很多干扰因素。

此外，纪女士了解到丈夫突然提出离婚，可能是因为自己的父母拒绝在经济上为亲家提供帮助，就将自己经营了两年多的情感武断地定义为"自己被骗了，遭到了对方的算计"。真相到底如何我们不予置评，但是从恋爱、结婚到生子，二人的相处应该是真实的，是两个人共同经历的，如果把这一切用心的经营都解读为"欺骗"，我想这未免过度否认了纪女士自己的情感感受性，同时，与收益相比，男方投入两年的时间、精力、情感、金钱，付出似乎远大于收益。

那么，为什么纪女士会把自己与丈夫两年的真实相处解读为"被骗"呢？每个人承受挫折、失败的能力是有限的。许多人在面对挫折时，第一时间并不能理智地判断究竟发生了什么事、该如何调动自己的内外部资源进行有效的解决与改善，而是立刻陷入自我保护的情境，即用"不是我的错，一定是别人做错了"的想法来缓解内心的挫败感。因此，用"被骗"来解释自己在情感中的失败，似乎是一个会让自己舒服的理由。

此外，纪女士将自己的婚姻归结为"被骗"，似乎认定"这个人和我在一起一定不是因为爱我，而是为了经济利益"。这一点表明，纪女士对于获得爱的能力感是有所欠缺的，或者说她在完全否认两个人真情实感的同时也在内心认为"我不配拥有童话般的爱情，我是不值得被爱的"。

婚姻关系中能否掺杂工作关系

本案当事人婚姻破裂的导火索，似乎是"亲家"之间商务合作没有谈成，造成男方家庭大为不满。这种情节似乎在电视连续剧中经常出现——大家族之间互相联姻、荣辱与共，一起打造商业帝国。在现实生活中，也有许多伴侣会一起创业，在亲密情感关系上，又多了一层共同进退的"伙伴"关系，这会对感情有影响吗？

我见到的把婚姻关系和工作关系掺杂在一起的伴侣，都分了——要么是分手了，要么是悬崖勒马，结束了工作伙伴关系。也许这样说有些绝对，但这至少说明经营复杂关系不容易。从心理角度来解读，我更倾向于说他们之所以让两个人处在复杂关系中，是为了防御他们之间更深层次的情感联结或情感冲突。说得直白一点，就是有些人并没有发自内心地想好好过，或者某一方潜意识当中对亲密关系是恐惧的、是害怕失去的，所以他并不单纯地沉浸其中，非要加上一层情感相对淡漠的、更理智的工作关系，来防御其内心对情感联结的恐惧，实现内心的平衡。

对深层次情感联结的回避，从本案中也能看到端倪。相爱一年、结婚一年，纪女士似乎一直生活在童话般的幸福日子里。先生的事业发展如何？公公婆婆是否在向爱人施加压力？这些她一无所知。从这一点来讲，她对丈夫是缺少体贴与关心的。纪女士更多地沉浸在自己理想的生活状态之中，对先生的情绪感受似乎缺少敏锐的察觉，在矛盾冲突发生之后也没有第一时间考虑伴侣的难处和其遭受的家庭压力，而是急于向父母宣泄自己的痛苦情绪。

用心合作，共同成长

我有很多朋友都喜欢把自己的伴侣戏谑地称呼为"队友"，当然，还有叫"老板""合伙人""搭档"的，这些称呼生动展现了伴侣两个人一路同行、互相支持的情感画面。

我们具有做出不同人生选择的权力——可以选择继续做个宝宝，也可以选择走出家庭的舒适圈，过自己说了算的人生。

好的婚姻会让两个人从中受到情感的滋养，继而获得成长的自信和勇气，但这需要两个人共同努力与合作。如本案中备受原生家庭牵绊的两个人，当父母给自己施加压力或者工作上遭遇挫折的时候，如果两个人能够彼此信任，给对方提供足够的情感支持，双方必然敢于在这样强大的支持中独立面对自己的需要与渴望，不受家庭影响，自主做出自己能够承担责任的决定。心理学家提出一个"自我决定理论"，即当一个人感到自己有能力完成某件事，做这件事的意愿是发自内心的、主动的，并且能获得充分的情感支持时，他就会更愿意行动，自我的力量就会更加强大。

希望大家都能在婚姻中提升自我，成为更好的我们！

第 8 章

"时间管理大师"

我们各自做自己时
释放的光芒，才是真正
互相吸引的力量。

男方两地脚踏两条船，律师助女方以刑促民修复家庭

美满婚姻是生活中甜蜜的联合，充满坚贞、忠诚以及难以计数的有益和牢靠的帮助与相互间的义务。

农历腊月二十九，年关将至，正是阖家团聚的时候。一年有大半时光在外漂泊的游子带着大包小包踏上返乡的道路，到处洋溢着喜乐祥和的气氛。晚上九点，北京机场，一对男女手挽着手，拉着行李走了出来。男的身材高大，女的时髦靓丽，他们和周围的情侣看起来没什么不同。

晚上十一点，二人回到家，一番收拾洗漱之后休息就寝。大

年三十上午九点，女人起床化妆，男人随后也起床，一起出发前往超市采购年货；下午三点，车停在一个普通小区的停车场，男人下车，一手提着精美的礼品，一手牵着女人的手上了楼。门铃按响之后，一对年迈的夫妻开了门，一番寒暄之后将二人迎进了屋；下午六点，吃过年夜饭之后，男人接了个电话，说是朋友有事要见一面，先行离开。

晚上七点，另一个高档小区，相似的画面再次上演。男人提着年货站在门口，不同的是，开门的是一个年轻漂亮的女人。她穿着家居服，开口说："老公回来啦，赶紧进来。""哎，朋友临时有事找我，耽误了一会。"屋外，寒风瑟瑟；屋内，暖意融融。电视上放着春节联欢晚会，两个人依偎在电视机前说着话，看起来幸福美满。晚上十一点，伴随着远方隐隐约约的鞭炮声，屋子归于寂静，新的一年开始了。

这是王龙海的生活。

缘起

在朋友们眼里，刘楠是一个潇洒果断的女人，一路风风火火的。她工作时干脆利落，感情上果断坚决，透着一股北京女孩的爽朗气。"喜欢就在一起，不喜欢就分开，生活已经够忙碌的了，哪有那么多时间纠结来纠结去的。"这是刘楠一直以来的想法，所以在发现自己和丈夫没感情后，刘楠果断地选择了离婚。

28岁的年纪，不上不下，父母看着女儿孑然一身，时不时地为她介绍相亲对象，希望她能够早日成家。可刘楠并不着急。在她看来，第二次结婚不能草率，第一次结婚就是太仓促了。她喜欢那种可以给她带来安全感的男人，二人一同建立一段稳定的婚姻。终于，这个男人让她等到了。

他就是王龙海，今年35岁，有一家外贸出口公司，总部设在北京，在澳大利亚某城市设有分公司。刘楠所在的公司和王龙海的公司有过合作，二人互换过微信。最初，刘楠对这个男人并没有什么感觉，有一次，她在朋友圈里转发了一条小众文艺电影的推送，力赞该电影，王龙海评论道他也很喜欢这部电影，有机会一起去看。显然，这里的"有机会"可不是什么客套话，转天，两个人就去看了电影，还共进了晚餐。在交流过程中，刘楠发现他们有很多观点合得来。得知王龙海也离过婚，二人境遇很相似，这些经历迅速拉近了二人的距离。王龙海的高大帅气、温柔体贴也让刘楠觉得安全感十足。

一年后，二人结婚了。

惊喜变惊吓

结婚后，刘楠和王龙海没有长期共同稳定的住所，他们婚前各自都有房产。王龙海之前在北京市 A 城区有一栋别墅，结婚后他卖掉了房子，拿着这笔钱买了 B 城区的房子，剩余的钱买了郊区的一套房产，说是要给刘楠的父母居住。由于没有长期固定的住所，二人有时会去 C 城区的男方父母家居住，有时会去 B 城区的房子，有时也会去女方在 D 城区的房子住，主要看二人这段时间的工作安排或者个人喜好。

除此之外，因为王龙海的工作性质，他一年中有半年的时间需要出国工作，刘楠有时会跟着丈夫出国。他们在澳大利亚某宜居城市买了一栋别墅，四周视野开阔、风景秀丽，加上当地人口稀少，很方便过二人世界。没有工作的时候，两个人就开着车闲逛，或者不出门挤在沙发上看电影。刘楠平时在家也会给王龙海做饭，整理家务，就这样，日子过得平淡而温馨。

多年后，刘楠也在想日子要是能一直这样下去该多好，可是一切都不能重来。有一天，刘楠想给丈夫一个惊喜，她没提前告知王龙海就飞到澳大利亚。回到家后，屋子里没人，刘楠猜测丈夫去工作了。一夜过去了，第二天清晨，王龙海回来了，看到刘楠，他愣住了，不过他很快调整好了表情，问道："你怎么这个时候过来了，不是在忙工作吗？""我请了个年假，就是想给你一个惊喜。怎么样，有没有被惊喜到？"刘楠一把抱住了王龙海。"你该提前告诉我，我去接你，昨天陪客户去了，白让你等这么久。"王龙海说。

刘楠本想好好陪陪丈夫，但她发现王龙海有点不太对劲，经常接电话，时不时就出门。某一天，在刘楠的多次追问下，王龙海终于坦白了。他说他有一个"姐姐"，叫赵梦瑶，他们十多年来一直保持着同居关系。他还说这个"姐姐"在工作上帮了他很多。后面的话刘楠已经听不进去了。他和别的女人在一起，为什么还要来追求自己？作为一个现代女性，刘楠感到无比震惊，她努力保持理智，看着面前这个一脸诚恳的男人，有很多话想说，却什么都说不出来。

说完这些，王龙海自觉愧对妻子，先行离开了，留刘楠一人躺在床上辗转反侧。换作20多岁的自己，她早就一巴掌甩过去了。可是对于经历了一次婚姻、已经35岁的刘楠来说，岁月让她成熟，却让她也少了些干脆，多了些犹豫。想起这几年的相处，两个人还是有感情基础的，她想给丈夫一个机会。

经过几天的消化，她打电话把王龙海叫了过来，让他尽快处理好和赵梦瑶的关系，说罢就收拾行李回国了。刘楠回国后没多久，王龙海也回来了。本以为王龙海做出了选择，但事情远没有结束。刘楠软硬兼施，王龙海却用各种理由推脱，说解决不了，说他与赵梦瑶长期经营同一家公司，是生意上的伙伴。刘楠猜测，他和赵梦瑶在澳大利亚以配偶或者同居关系共同居住，王龙海回国后，赵梦瑶就独自一人留在澳大利亚，自己和赵梦瑶达成一种所谓的"王不见王"的局面。

爆发

这算什么？王龙海在享受齐人之福吗？我又算什么？刘楠越想越恶心，她要求王龙海赶紧解决这件糟心事。王龙海一边说会尽快处理自己和赵梦瑶情感上以及生意上的纠葛，一边却在暗示刘楠："解决这件事需要很长时间，你要慢慢接受这个现实。"在和刘楠畅想未来生活的时候，王龙海甚至说要买一套有两个主卧的房子。刘楠只觉得王龙海疯了，她觉得无比迷茫，眼前这个能说会道的男人到底在想什么，她不理解。

事情终于发展到了令刘楠忍无可忍的地步。刘楠在整理澳大利亚的房屋时发现一份文件，是王龙海和赵梦瑶共同申请澳大利亚投资养老签证的相关文件，同时发现了王龙海之前卖掉的 A 城区房子所在物业公司开具的居住证明，业主是王龙海和赵梦瑶夫妇。澳大利亚退休投资养老签证（代号 405）是一种专门的退休类别签证，是澳大利亚政府为具有一定经济实力的退休人士来澳大利亚养老定居而设定的签证类别，以吸引有一定经济实力的退休人士前来养老定居。符合要求的人可以带配偶或者长期同居的同居人一起申请。这份文件成了刘楠想要快速决断的契机。

"王龙海所谓的断绝关系根本就是在欺骗我，他从来就没有想和我过正常家庭生活。"抱着这样的看法，刘楠来到律师事务所。

以刑促民

接受委托后，我们仔细梳理了案件材料。从这段时间的表现来看，若没有外力推动，王龙海很难和赵梦瑶迅速断绝关系，这导致这个案子没有办法从谈判的角度介入。

刘楠觉得自己特别委屈，明显是男方存在严重的婚内过错，并且已经达到违法的地步——他涉及重婚的问题。如果没有物业公司的居住证明，那么我们认为王龙海只是和第三者有同居关系，在婚内存在过错。如果以离婚的方式来解决问题，由于二人并没有共同财产，对刘楠来说远达不到弥补内心创伤的要求。所以在整体分析案件之后，我们认为可以通过以刑促民，也就是通过立重婚罪这个刑事案件，追究王龙海和赵梦瑶的刑事责任，在此基础上让三方坐下来谈判，用刑事案件的压力促进民事案件的调解工作，以外力迫使王龙海做出选择，达到修复婚姻的目的。

在立重婚罪方面，我们首先分析王龙海是否符合重婚案件的立案标准。王龙海有长期稳定的同居人，对外宣称以夫妻关系居住，在这种情况下，他已经达到重婚罪的立案标准。但是我们没有明确的证据证明赵梦瑶是在知道刘楠和王龙海登记结婚后还故意和王龙海保持这种同居关系的。为了向王龙海施加压力，我们将赵梦瑶作为重婚案的共同被告人，选择了共同被告人的主体之后，下一步是确认他们二人实施的行为也符合重婚罪的立案标准和定罪标准。

这里需要注意的是，事实婚姻能否构成重婚罪呢？婚姻关系通常包括法律婚姻和事实婚姻：法律婚姻又被称为登记婚，是指公民依法在民政部门进行结婚登记而建立的婚姻关系；事实婚姻是指虽然未经过民政部门登记，但是形成事实上的夫妻关系的婚姻。随着各地民政部门婚姻登记信息共享机制的建立，国内不允许进行两次结婚登记，因此，法律婚姻重婚的现象越来越少见。但是，未解除法律婚姻者，同时与第三者长期同居的现象越来越普遍，这样的行为能否构成重婚罪呢？有观点认为，重婚行为侵犯的客体是婚姻登记制度。按照《中华人民共和国民法典》的规定，事实婚姻不被承认，婚姻登记制度是拥有合法婚姻的唯一途径，如果没有进行登记，就不会存在夫妻双方各种法定的权利义务关系。法律婚姻和事实婚姻的重合与两个法律婚姻重合，二者对婚姻登记制度的破坏程序不同，法律婚姻和事实婚姻的重合不宜被认定为刑法意义上的"重婚"。

我们认为法律婚姻和事实婚姻的重合可以构成重婚罪。首先，对重婚罪的规定在《中华人民共和国刑法分则》第四章"侵犯公民人身权利、民主权利罪"中，其保护的法益是公民的权益，包括受害配偶、公民家庭完整幸福等方面的权益，而不是婚姻登记制度。如果保护的法益是婚姻登记制度，应该属于第六章"妨害社会管理秩序罪"。其次，刑法设置"重婚罪"的目的是通过维护一夫一妻制的婚姻家庭制度，构建和谐、稳定的婚姻家庭和社会关系。在法律婚姻管理愈发严格的今天，两个法律婚姻不具有现实可操作性，法律婚姻和事实婚姻重合更常见。如果允许事实婚姻的存在，就意味着一人可以同时与多人组建多个家庭，这显然与现代文明不相融合。最后，婚姻在重婚罪中是指基于婚姻的成立而形成的一种客观关系，但是婚姻生效需要具备所有的生效要件，如到民政部门登记等。《中华人民共和国刑法》中认定重婚行为以存在的客观事实为依据，并不要求婚姻合法有效，无论重婚中第二个婚姻是法律婚姻还是事实婚姻，其婚姻都是成立但无效的。从这个意义上说，第二个婚姻是法律婚姻与第二个婚姻是事实婚姻并不存在本质区别，均对婚姻家庭幸福有害。

因为重婚案件属于刑事诉讼案件，也属于公诉案件，如果公诉案件不立案，可以前往人民法院自行提起刑事自诉案件。刘楠实际上也是被害人，她可以要求王龙海和赵梦瑶承担刑事责任，罪名就是重婚罪。根据刘楠的主观诉求，她还是希望以刑促民来进行谈判，促进民事案件的调解工作。在此基础上，我们选择了刑事自诉，确认案件的管辖地。

刑事案件原则上应由犯罪地的人民法院管辖，但由被告人居住地的人民法院审判更为适宜，后者也可以管辖。被告人的居住地一般是其户籍所在地，如果经常居住地与户籍地不一致，经常居住地为其居住地。经常居住地是指被告人被追诉前，因就医以外的原因连续居住一年以上的地方。本案系刑事自诉案件，被告人的重婚行为频繁发生在中、澳两国，北京法院应有管辖权。但是，王龙海在北京的户籍地和经常居住地不一致，刘楠提供的证据显示王龙海和赵梦瑶在北京 A 城区长期同居，该案能否由经常居住地人民法院管辖呢？对此，最高人民法院发布第 748 号指导案件时指出，重婚犯罪行为在一定时间和空间内处于继续状态，但期间犯罪地可能会发生移动和变化。外籍被告人与我国公民于国内登记结婚，只要在居住地工作和生活已满一年，其经常居住地亦是犯罪地，故经常居住地法院可以行使刑事管辖权。

为了在短时间内给王龙海施加压力，我们决定启动重婚罪自诉程序，以刑促民，让三方能够坐在谈判桌前妥善协商。在立案时，因证据材料显示王龙海和赵梦瑶曾在北京 A 城区长期同居，王龙海的户籍地法院裁定不予受理。为了抢时间，我们立即前往北京 A 城区法院立案，成功立案后，立即向法院申请限制王龙海和赵梦瑶出境，以争取更多的时间。

为什么我们在这个时间段内非常密集且快速地推进案件呢？因为那时马上要过春节了。

王龙海和赵梦瑶二人要从澳大利亚回国，居住一个月左右，过完年，二人共同返回澳大利亚。我们向人民法院提起刑事自诉之后，立即向人民法院提起了限制出境申请，防止王龙海和赵梦瑶回国发现自身涉及刑事诉讼之后立即再出境。如果他们选择长期不再入境，这个案件可能就会久拖不决。根据《中华人民共和国出境入境管理法》第十二条，涉及未了结的民事案件，人民法院决定不准出境的，或者是有其他的被判处刑罚尚未执行完毕，或者属于刑事案件被告人、犯罪嫌疑人的不准出境。

法院收到我们的刑事自诉状和相关证据材料，得知王龙海和赵梦瑶已经回国，向他们送达了刑事自诉状和相关证据材料。

得知此消息后，王龙海恼羞成怒，单独约刘楠进行面谈。我们建议二人不要直接进行面对面的谈话，因为不知道王龙海在这个时候会不会采取非常极端的方式，毕竟他已经涉及刑事犯罪，最后二人通过电话进行了沟通。王龙海一开始不接受刘楠对他进行刑事起诉，经过和律师的沟通，了解相关法律之后，他转变了态度，主动和刘楠达成调解意愿，共同签订由我方起草的协议书。鉴于王龙海与赵梦瑶以夫妻名义长期共同生活居住，刘楠向北京市某区人民法院起诉王龙海、赵梦瑶重婚罪一案，该案已由人民法院受理，男方主动承认其重婚行为，并向女方请求谅解，经双方平等协商达成如下和解。

第一，王龙海与赵梦瑶解除事实婚姻关系。当然，这种事实关系只是我们的一种表述，因为根据法律相关规定，事实婚姻关系已经很长时间不予认定，我们只是在协议书中明确了他们虽然没有登记，但属于婚姻关系。

第二，王龙海与刘楠自愿签订婚内财产约定，婚内财产约定签署后，双方应该办理公证及产权过户手续。

第三，办完相关手续之后，刘楠前往某区人民法院办理撤诉手续。签完这个协议，双方就签署了一个财产房屋赠与协议，男方将他婚前财产转化的这套房子50%的产权赠与刘楠，整套房归女方个人所有，男方配合女方尽快办理产权登记过户手续。

为了避免双方将来产生财产争议，经过沟通，根据《中华人民共和国民法典》第一千零六十五条，"男女双方可以约定婚姻关系存续期间所得的财产以及婚前财产归各自所有、共同所有或部分各自所有、部分共同所有。约定应当采用书面形式。"刘楠与王龙海签订婚内财产协议，约定双方名下各自财产归各自所有。

律师有话说

经过漫长的历史演化，一夫一妻制度已经被认为是最合理的婚姻关系，它象征着爱情、忠诚、奉献、牺牲和家庭的最高理想，应该得到当初选择进入婚姻生活之双方的尊重，获得法律强有力的保障和支持。刑法对于重婚罪的处罚，民法对重婚、同居行为导致婚姻破裂的过错赔偿等，正是这种支持的集中体现。

随着个人边界不断拓展，夫妻间相互忠诚的义务似乎逐渐被消解，而越来越普遍的同居、重婚等现象让我们对婚姻的价值产生了怀疑，但如果连最起码的忠诚都难以做到，又为何要进入婚姻或留在婚姻里？这些行为本身就是对婚姻这一神圣制度的亵渎。

坦诚相待，跳好婚姻双人舞

婚姻中的背叛与欺骗是瞒不住的

我遇到过一个类似的案例，丈夫长期被单位派驻在其他城市，妻子负责在家照顾婆婆和孩子，工作朝九晚五，非常规律。每天晚上，夫妻俩会定时通话诉说家常，日子过得一直很平稳，如果不是出了一个"小意外"，女方可能一直认为自己的生活幸福且美满。

意外的发生非常可笑。七夕前夕，女方收到一条充满爱意的问候短信，可她觉得措辞很奇怪。出于对丈夫的了解，妻子连夜买了机票，前往丈夫工作的城市。到了丈夫工作的单位，让她大吃一惊的是，丈夫的所有同事都认识她，准确地说是认识她的名字，但在他们心目中这个名字属于另一位女士——丈夫在这个城市和另一位女士以夫妻身份生活了几年，而且这位女士一直以其妻子的名义，参与公司组织的各种活动。

故事的结局是真正的妻子当机立断，把丈夫带回了家，并立刻告知他要办理离婚手续。和儿媳一同生活多年、共同养育孙子的婆婆也选择站在儿媳这边，表示让儿子净身出户，自己愿意继续和媳妇生活在一起，对儿子的这种行为绝不姑息。

类似案例中的男性，也许他们非常自恋，认为自己可以操控一切；也许他们非常享受刺激，对说谎产生的紧张感成瘾；也许他们潜意识里一直有冒险挑战权威、挑战道德的好奇，即使知道这样的关系早晚会崩塌，但仍然让自己处在危险的边缘。无论这种人内心的动机如何，我认为真正的"时间管理大师"是不存在的，侥幸只能躲过一时，不可能瞒过一世。

真相大白的触发点看起来是偶然的，实际上这种偶然的发生也是一种必然。因为从长远来看，重婚的一方不可能不出错、不可能做到滴水不漏，总会有一个偶然让秘密公之于众。

"瞒得好好的"可能是双方的共谋

我和闺密谈论过这个话题，就是当爱人出轨时，女人是否一定能有所觉察。我认为答案是肯定的。当然，所谓"第六感"，我认为不是神乎其神的东西，而是我们对关系中些许变化所做的觉察，因为潜意识要比意识聪明很多，所以我们的"第六感"会比理智先知道有什么事情不对了。

抛开第六感不谈，我仍然认为，当婚姻出了问题，努力经营婚姻的伴侣必然会有所觉察，如果继续浑然不觉地过着和和美美的日子，这也是潜意识当中的一种共谋行为，即我们在潜意识中允许对方犯错，对婚姻中出现的状况假装一无所知。而共谋的原因，一种可能是内心具有深深的自卑，认为只有对方犯错了，自己才配拥有他；另一种可能是用这样的行为去防御自己害怕面对的更大痛苦，比如回避揭露谎言、回避直面问题可能需要承受的痛苦情绪、回避生活的变化等让自己更加难以应付的事情。

为什么这么说呢？两个人生活在同一个屋檐下，你们总要交谈、总会知道对方上下班的规律、总会了解对方每天都在做什么、有什么兴趣爱好、休息的时候如果没有和自己在一起会和谁在一起、总会认识对方的几个朋友、总会在晚上聊家常的时候说说这一天都在忙些什么……总之，我们会尊重对方的隐私、不会掌控对方的一切行程，但对方的时间线在你这里总归是流畅的。

当一方开始有所隐瞒时，伴侣一定会有所觉察。这个人突然经常不知所踪、说话开始吞吞吐吐、和朋友做了什么也闪烁其词、聊天时情绪变得非常冷漠、不再兴奋地说这说那，这时就要警惕情感可能出现了危机，要留心了。

对方出轨了，婚姻还有救吗

答案当然是有的，不过的确不容易。不是每个人在经历了伴侣的出轨后还能体谅对方、支持对方、毫不犹豫地原谅对方、继续与对方一起生活。遭遇出轨的婚姻要想恢复如初，需要伴侣双方有坚定的目标，付出共同的努力。

经历伴侣出轨的当事人，第一时间产生的情绪往往是委屈和痛苦。他们认为自己为婚姻和家庭付出了很多，却遭遇了不公平的对待。而当出轨的一方过来挽留自己的时候，虽然对这段婚姻心存不舍，但是担心再一次被伴侣伤害、不敢再信任伴侣成为阻碍情感修复的主要原因。很多人会反复"考验"伴侣，如一味指责、抱怨、发脾气，并同时要求"既然犯错的是你，你就应该接受我的批评，就应该为我们的婚姻做出补偿"，实际上他们是在用这样的方式反复试探对方是否会离开自己。其实，这都是错误的做法。

而在婚姻中犯错的一方，他们同样需要面对痛苦、内疚与自责的情绪，然后抱着极大的勇气与决心试图挽回婚姻和感情。面对出轨这件事时，遭到背叛的一方会向想改正的一方施加很大的压力。当压力过于大时，他们往往也会用逃避、放弃、破罐破摔的态度来放弃努力。而在面对伴侣的不断试探时，他们也会思考："我当初之所以犯错，从一定程度上说是你造成的，也许这段婚姻是不值得维持的。"

由此可见，遭遇出轨的婚姻，情感修复的难点在于找到双方在情感需求上的共识，防止不良沟通模式的产生，用能够产生正向情绪的相处模式帮助感情回温。心理学中有一个"依恋理论"，认为每个个体都有最基础的情感依附需求，表现为渴望获得安全感、渴望需求被看到、渴望获得回应等。

对于希望挽救关系的伴侣，一方害怕再次遭遇背叛、害怕伴侣再次离开自己，这是对安全感的渴望；而试图挽回的一方，往往渴望自己为修复关系所做的努力能够被伴侣看到并认可，这是期待被对方看到并回应的渴望。当双方能够清晰地意识到对方其实在努力追求彼此依恋的亲密关系时，爱的体验将再次回归，正向的情感体验就产生了。

对过去的记忆是不会被轻易忘掉的。因此，修复情感创伤最好的方法是用新的、美好的回忆来填充当下大脑的缓存区域，让痛苦的回忆停留在记忆深处，提醒我们美好的生活来之不易。当然，这样做并不容易，所以我们在必要时也需要寻求专业心理咨询师的帮助，扫清婚姻道路上不良沟通模式制造的绊脚石，让伴侣尽情地跳一支属于自己的浪漫双人舞。

第 9 章

离婚不离家

夫妻同心，婚姻才
会充满后劲，生活才能
持续奔向美好。

草率协议且离婚不离家，律师多方举证
为女方保住房产并追回抚养费

> 在婚姻中，最具毁灭性的问题在于缺乏沟通，
>
> 尤其是爱情、性和金钱方面的沟通。

王思涵始终记得第一次见到李振国时他的样子：身材高大，面庞英俊，穿着一身考究的西装，举手投足间尽显成熟男人的魅力。他比她大七岁，北京人，工作稳定，收入较高，婚前已经购买了一套单位福利房（以下简称1号房产）。对大多数女性来说，李振国是一个很好的结婚对象。王思涵出身于一个普通的县城家庭，大学考到了北京，刚工作没多久，机缘巧合认识了李振国。

交往了一段时间后，李振国显然很喜欢这个年轻貌美、聪明贴心的女朋友，在李振国的不懈追求下，二人很快见了家长，在2004年登记结婚。婚后，夫妻俩原本打算立即要孩子，但李振国患有不宜生育孩子的疾病。经过四年多的治疗，双方终于在2009年生下了孩子李小弟。

五年的时间足够让王思涵从一个初入职场的新人成长为一个自信的成功女性。她毕业后就在一家汽车销售公司工作，几年的历练让她积累了丰富的工作经验，她变得成熟独立，还升任销售总监。在觥筹交错的饭桌上，王思涵渐渐结识了许多优秀的男性，她发现，李振国不过是其中比较普通的一个。厚厚的滤镜渐渐去掉，丈夫的缺点逐渐显露：自己正值青春年华，他的身材却渐渐走样，他脾气暴躁、爱喝酒、大男子主义、动不动就指责她哪里做得不好。

过去几年中，由于李振国社会经验更丰富，经济条件也更好，所以在家里拥有更大的话语权，王思涵感觉不被尊重，反感李振国的行事方式，夫妻感情开始变得淡薄。2013年前后，王思涵不堪婚姻的禁锢，多次向李振国提出离婚。李振国显然还是很爱自己的妻子，坚决不同意离婚，并利用孩子和双方父母向王思涵施压，但双方的关系并没有改善。后来，王思涵因为工作结识了另一个男人周律，他算是王思涵所在公司的一个小领导，有过一段婚姻，后净身出户，把财产都留给了前妻。王思涵和周律很聊得来，对很多问题看法一致。在丈夫的不断施压下，周律的体贴关心很快攻破了王思涵的心防，她与周律发生了婚内出轨行为，但她和李振国的离婚问题一直没有谈妥。

2015年，王思涵表示想为孩子购买学区房。由于夫妻俩婚后又购买了一处房产（以下简称2号房产），目前李振国名下有两套房产，按北京限购政策，无法继续买房。李振国同意离婚后以王思涵的名义买房，但王思涵明确表示离婚后不会复婚，李振国却充耳不闻，坚持认为二人只是"假离婚"，是为儿子购买学区房。

2015年4月，王思涵与第三人签署了购房合同，以总价494万元购买了北京某区某处房产（以下简称3号房产），王思涵用李振国转来的资金支付购房定金、佣金共62万余元。2015年6月，夫妻俩办理离婚登记，离婚协议约定孩子抚养权归王思涵，李振国每月支付2万元抚养费。李振国名下的1号房产（婚前房产，婚后无还贷）、2号房产（婚内房产，离婚时贷款已还清，现值900万元）均归李振国一人所有，婚内存款均归王思涵所有。夫妻俩的存款均由李振国保管，李振国将所有存款用于炒股，离婚时双方并没有清算存款数额。

2015年7月，王思涵用李振国转来的资金支付了3号房产首付款145万元，李振国还支付了装修款25万元，房子登记在王思涵名下。王思涵以个人名义办理了300万元的银行贷款，每月需还款1.8万元。二人离婚后，一直是李振国将还贷资金转至王思涵的银行账户，王思涵再还贷。

离婚后，王思涵和李振国一直居住在一起。3号房产装修好以后，李振国也跟着王思涵、孩子李小弟一起搬入了新家。王思涵多次要求李振国搬离新家，李振国称房产是夫妻共同财产，拒不搬出，并多次对王思涵说："这房子是我买来给我儿子上学用的，我绝对不会允许你带着其他男人住在这里。"2018年年初，王思涵觉得无法忍受，委托律师代为处理离婚后子女抚养、财产分割的法律事宜。

王思涵第一次找到律师时，表示自己已经和前夫离婚3年多了，但考虑到父母和孩子，现在依旧和前夫共同生活。她多次要求前夫搬离住所，可前夫均以索要经济补偿、变更孩子抚养权等方式向她施压，因此双方一直保持离婚不离家的状态。王思涵不堪其扰，委托律师借助司法手段让前夫搬离住所，同时解决二人离婚后、同居期间的财产分割问题。

接受委托后，律师立即开始收集、调取二人生活期间的经济往来信息。经过对双方离婚协议及离婚后财产情况的分析，律师很快发现离婚协议存在很多漏洞。王思涵觉得自己婚内出轨，出于愧疚的心理，在协议里放弃了2号房产的权益，相当于放弃了450万元的财产权益。按照离婚协议，王思涵仅可分得二人婚内存款，但双方没有清算存款数额，男方很可能反驳说存款数为零。如今婚内2号房产的所有权归属已成定局，律师只能为王思涵尽可能多地争取离婚后所购房产的权益。由于购房款、每月还贷资金均来自男方，离婚后房产归属不确定性非常大。律师通过整理双方微信聊天记录、录音证据等琐碎证据，成功举证王思涵为 3 号房产出资 130 万元，同时举证女方名下无其他房产，说服法院将房产判归女方，男方需在 10 日内搬离该房产，抚养费仍按离婚协议确定的数额执行。经过三场诉讼，律师终于为王思涵彻底了结了这段婚姻的财产、子女、情感纠葛。

在现实生活中，像王思涵和李振国这样的情况并不少见。许多夫妻感情不和，双方协议离婚以后，害怕老人和孩子接受不了，所以采取"离婚不离家"的方式，继续共同居住生活。同居生活期间，双方共同抚养子女，共同承担家庭日常支出，甚至共同出资购房，但同居与婚姻是完全不同的状态，离婚后继续同居生活可能给双方或者一方的感情、财产带来伤害。为解决离婚后同居带来的情感纠葛、财产纠葛，王思涵和李振国先后启动了离婚后财产纠纷、排除妨害纠纷、抚养费纠纷三场诉讼，主要解决了以下三个法律问题。

第一，离婚不离家，离婚协议约定不明确。王思涵和李振国结婚 11 年，双方积累了可观的财富，名下有高达千万元的房产、数十万元甚至上百万元的股票及其他多种形式的财产。但是，双方害怕老人、孩子得知真实情况，选择离婚不离家，这就决定了双方只能采取协议的方式来离婚。当时，双方还急于购买学区房，出于种种考虑，双方约定价值千万元的婚内房产均给李振国，王思涵仅分得存款。协议签订后，双方甚至都没有清算存款的数额，这样，李振国分得的财产权属清楚、数额明确，但是王思涵分得的财产权属不明、数额不清。离婚协议约定的财产分割方式存在两个问题：一是双方数额极不对等；二是王思涵分得的财产数额是不确定的，法律风险非常大。

鉴于双方都是完全民事行为能力人，自愿签署离婚协议，这份协议是真实有效的，李振国获得确定的房产价值900万元，王思涵要想获得存款，还需证明离婚时双方有多少存款。在本案中，李振国掌管着家庭财政大权，为了举证离婚时双方的存款数额，律师指导王思涵与李振国谈判，让其主动承认双方离婚时股市里有87万元的存款。律师将这份证据提交法院，获得法院认可。通过全力举证，法院最终认定王思涵出资130万元，律师尽力为王思涵挽回了损失。但是，如果王思涵在决定离婚之时就向父母、孩子坦承，请律师介入案件，彻底与李振国厘清情感、财产的纠葛，也就不必忍受这3年多的非正常同居生活了。

第二，离婚期间购买的房产，登记在一方名下，对方是否有权居住？王思涵找到律师的时候，首要诉求就是让前夫搬出居所，彻底与前夫做个了断。因此，律师提起的第一个诉讼是排除妨害纠纷。在法庭上，对方提出购房合同签订于婚内，离婚后男方也贡献了首付款和房贷，男方有权居住。律师认为，涉案的3号房产系女方离婚时分得的存款购买，且登记在女方一人名下，现在双方已经离婚，男方另有两套住房，双方同居期间争吵不休，严重影响老人、孩子的正常生活，男方不适合继续居住在该房产里。

法院采纳了律师的部分代理意见后认为，不动产权属证书是权利人享有该不动产物权的证明，王思涵系涉诉房屋的产权人。妨害物权或可能妨害物权的，权利人可以请求排除妨害。李振国以其系涉诉房屋共有权人进行抗辩，但其权利既未取得不动产登记，也未经诉讼予以确认，故不采纳李振国的抗辩意见。即使李振国是涉诉房屋的共有权人，鉴于双方确已离婚，且李振国另有住房，继续居住在王思涵名下房产中缺乏必要性且有违公序良俗，因此法院判决李振国应限期搬离。

离婚期间购买的房产，登记在一方名下，对方是否有权居住，虽然这个案子的法官给出了否定的回答，但是类似案件的细节若不完全相同，结果可能也会不一样。在"离婚不离家"这种同居生活状态下，双方一般均对房产有出资，购房合同还可能签署于婚内，这个房产虽然只登记在一方名下，但双方均有相应的份额，所以对方能否居住，需要依据个案的实际情况而决定，并不存在标准答案。

第三，离婚后共同生活，抚养费是否需要支付？要求李振国支付抚养费，是王思涵的第二个诉求。但是，从以往法官的判决思路来看，离婚后同居生活期间，法院一般不支持补付抚养费。

毕竟离异夫妻依然同居生活，双方在子女抚养、家庭开销上均有支出，通常情况是算不清楚的，有支付抚养费义务的一方会以自己支付了孩子的开销作为抗辩理由，法官一般都会认可。在本案中，我们整理了同居期间王思涵为孩子花费的具体情况，证明孩子的大部分开销由王思涵支出，李振国对孩子的生活、医疗、教育也有将近 20 万元的支出。最终，法院判决同居期间按 7000 元每月补付，自 2018 年 7 月起，依然按每月 2 万元的数额支付抚养费。

王思涵的这段婚姻告诉我们：结婚要慎重，离婚要果断。结婚时，王思涵刚刚走出校门，缺乏社会和人生经验，听从父母长辈的意见，草率地选择结婚；婚后随着人格逐渐成熟和独立，一方面急于摆脱不幸婚姻的束缚，想要追求两情相悦的感情，另一方面又承受着父母、孩子的压力，采取"离婚不离家"这种拖泥带水的处理方式；离婚三年多依然与前夫在情感上、财产上纠缠不清，双方均无法开始新生活。

婚姻是每个人的人生大事，这意味着双方对彼此有承诺和责任。草率的婚姻走向破灭的可能性非常之大。结婚是大事，离婚也是大事，婚姻破裂伤害的不仅仅是夫妻俩，还有父母和孩子。正因为如此，许多夫妻在感情难以挽回的时候，会对是否离婚左右为难，像王思涵和李振国就选择了"离婚不离家"这种看似两全其美、实则隐患重重的方法，生生把短痛变成了长痛。

还是那句话，结婚要慎重，离婚要果断，切忌离婚不离家。

鱼与熊掌可否兼得

"鱼与熊掌不可兼得"，这个道理谁都懂，但本案中的王女士在离婚后恰恰采取了自己认为可以兼得的方式，试图通过"离婚不离家"的形式回避问题——因为这样既不用面对老人和孩子可能产生的痛苦情绪，也不需要处理前夫索要经济赔偿、威胁变更抚养权等压力事件。这种解决方法，虽然看起来可以维持生活的和谐稳定，但本案也告诉我们，回避并不能解决问题，只会让问题暂时搁置甚至继续发酵，产生更为严重的后果。

对本案的当事人来说，"离婚"是一个造成生活改变的重大事件。两个人相处多年，拥有共同的子女、对双方老人孝顺有加，同时也在婚姻关系期间共同积累了很多资产。因此，要想彻底、清晰地对两个人的关系做个了断，需要投入巨大的心力。在面对重大压力事件时，我们可以采取以下步骤来有效缓解压力、处理好烦琐的事务。

1. 接纳变化需要面对的情绪成本

心理学家认为，每一个行为都有其功能性。因此，改变一个行为习惯，首先要面对失去这个行为后可能产生的后果。在本案中，王女士一味妥协、允许前夫李先生"离婚不离家"这一行为，可以缓解两个人之间的紧张情绪，回避可能失去孩子抚养权的恐惧情绪，回避向老人解释自己婚姻失败时可能产生的内疚、自责、羞愧情绪等。

要面对生活的变化，我们首先需要接纳这些情绪成本。情绪是我们真实的主观感受，没有对错之分；情绪也是通往我们内心的道路，是我们思维的镜子。探索情绪，我们可能会发现自己出现了不合理思维；改变这些思维，我们就能解决自己给自己设定的难题。

2. 将要处理的事情列成清单，一件一件处理

许多事件纠缠在一起，往往会让个体陷入"这太难了、解决不了、困难太多"的认知陷阱，只能感受到巨大的压力，却慌张地找不到应对方法。把要解决的事情列出来，逐个击破，是缓解压力、解决问题的方法之一。

先说父母，我们可能把父母的心理承受能力想得太差了。父母希望子女过得好，听到子女离婚的消息，他们第一时间会心疼、

会担心孙子孙女的生活处境，会因为没能呵护好子女的幸福而自责，但这一切均是父母出于爱与关心而产生的正常情绪。我们需要告知父母自己做出的离婚决定是经过深思熟虑的，是对自己和孩子都好的决定，并且也为自己的未来做好了进一步的规划。当父母看到你足够成熟地处理了这一切时，他们的牵挂自然而然变成了对你未来生活的祝福。

再说孩子，你追求幸福的勇气，是给孩子最好的教育。比起每天情绪低落、相处冷淡的父母，积极、独立、坦白、自信的家长反而会给孩子做出更好的榜样。很多家长问我怎么告诉孩子父母离婚这件事，我总会说：实话实说。当然，不是说恶毒的话，而是坦白地告诉孩子，你们因为性格或生活习惯上的矛盾不可调和，没有办法继续生活在一起；或者是因两个人的成长节奏不同而渐行渐远……总之，不管孩子对于爱情与婚姻能够理解多少，他至少要学习真实地面对自己的感情、要敢于追求幸福的生活，而无须为任何人委屈自己。

最后说说"离婚不离家"对当事人的影响。离婚不离家，这种物理环境的"融合"状态，真的对当事人内心没有影响吗？当然不是。从本案中就能够很清晰地看到，在这种界线模糊的状态下，双方纠缠不清，任何一方都无法全身心地投入新的感情。

3. 寻求亲朋好友的情感支持

无论何时，个体都需要提前建设"心灵后盾"，以便在应对生活中的各种困难时，为自己提供支持和鼓励。因此，"心灵后盾"是我们需要提前组建、经常呵护的。

"心灵后盾"即我们的社会支持系统，大体上可以分为两种——提供方法和提供情感支持。即使个体非常理智地思考，也经常逃不出主观思维的陷阱，因此，在发生重大事情时问问朋友，寻求不同的角度与观点，能够让我们更加理智地做出适合自己的决策。此外，还有一类朋友，他们可能并不能为我们提供什么聪明、有效的方法，但是他们可以提供情感支持。充足的情感支持可以让我们在解决困难时更加有力量地面对"情绪成本"，为我们补充自信与能量。

离了婚的双方虽然不能继续住在一起，但可以一起让生活变得更好。

我在这里并不想讨论分手了是否还能做朋友的话题，而是想说，如果离婚的双方有子女，那么，为了子女健康成长，双方也需要像亲人那样继续和谐、友好地相处，而离婚——分开生活、共同养育，也许是帮助双方找到恰当的人际距离的不错选择。

情感破裂的两个人生活在同一屋檐下，对于孩子成长的伤害是巨大的，表面的和谐，在孩子眼中也许是赤裸裸的惺惺作态。

我们可以想象，如果孩子每天生活在父母之间"战火纷飞"的环境中，他会觉得自己生活的世界非常不安全，更不用说，有些父母还会把孩子强行拉入战场，希望孩子站在自己这边攻击对方，或者让孩子判断"战斗"谁胜谁负。

这并不是最可怕的。现在很多家长深谙争吵会对孩子造成不良影响，因此以貌合神离的状态，强行营造和谐的生活环境。殊不知，这对孩子的影响可能更大。我接待过好几位有厌学、拒学行为表现的中学生，在与他们的父母沟通时我发现，这些父母间的感情非常淡漠，但是他们采用了一种"把自己全部的注意力都投注在孩子身上"的方式，试图逃避两个人的情感冲突。而备受关注的孩子感受到巨大的压力时，他们往往会用一些"出格"的行为表示对父母的反抗。

当情感破裂时，勇敢地面对、干净地了断双方的各种情感和财产纠葛，坦然地面对新的人生旅途，是对所有人伤害最小的做法。

第10章

"听妈妈的话"

迁就、包容、尊重
同样重要。

外地女受男方家人歧视，律师助女方赢回尊严和财产权益

爱情是两个人的事，
婚姻是两个家庭的事。

"大清早亡了，他们家是有皇位要继承吗，要生个男孩当太子吗？"一个周末的下午，暖暖的阳光照得人昏昏欲睡，北京的一家咖啡馆室外，一个女子打扮得光鲜亮丽，愤愤不平地对着坐在对面的女人说："我看你赶紧和那个妈宝男①离婚吧，你看他是怎

---

① 网络流行词，指听妈妈的话、总认为妈妈是对的、以妈妈为中心的男人，也指那些被妈妈宠坏了的孩子。——编者注

么对你的，还是个男人吗？"坐在对面的女人满面愁色，她穿着一件米白色的连衣裙，化了个淡妆，身材高挑，手指无意识地摩擦着咖啡杯，回应道："你让我再好好想想，甜甜还这么小。"女人一脸茫然。

都说婚姻不仅仅是两个人的事，更关乎两个家庭。可是走到今天，李楠也不知道她到底是和一个男人结了婚，还是在和一个家族搭伙过日子。今天上午，她正在卧室逗女儿玩，突然听到大门响了，一个尖锐的女声响起："怎么没人呀？亮亮在家吗？"够了，真的受够了！李楠已经数不清这是第几次了，丈夫的家人拿着自己家的钥匙，随随便便就能闯进来，自己倒像个寄居在别人家的陌生人。李楠多次和丈夫提起这件事，可是他不是敷衍道"行，行，我知道了"，就是说"那是我亲爸、亲妈、亲姐姐，自己人拿把钥匙怎么了？天天事那么多，我工作已经够忙的了"。李楠满腹委屈无人可倾诉，丈夫结婚前可不是这么说的。

李楠出生于河北，是家里的独生女，家庭条件优越，父母都有稳定的工作，她皮肤白嫩，从小学习舞蹈，体态轻盈，四肢纤长，说话柔声细语，性子温和，站在人群中宛如鹤立鸡群。她在北京读大学，毕业后不久经同事介绍认识了现在的丈夫张启亮。张启亮比她年长几岁，有非常丰富的工作经验。初次见面时，他西装革履，文质彬彬，像一株挺拔的白杨树，颇有绅士风度。他成熟的男性气质很快打动了李楠，她初入社会，仍然怀揣少女心思，几次往来之后，两个人的关系越发亲近，很快确立了恋爱关系。

在后面的相处中，李楠渐渐了解了张启亮的家庭：他是北京人，父母均生活在北京某郊区，家里有三个姐姐。张启亮家境一般，但他的工作能力比较强，每月收入不菲。身为独生女，李楠从来没有体验过有兄弟姐妹的生活。"他上面可有三个姐姐呢，一看就知道他爹妈一心只想要男孩，重男轻女，你可得当心点。"闺密叶子经常提醒李楠。"无所谓，我是跟启亮结婚，又不是跟他爸妈结婚，启亮才不会那样呢。"叶子看着李楠坠入爱河的样子，也不好总是泼冷水，只能暗暗地把担忧压在心里。

两个人渐渐到了谈婚论嫁的程度，双方互相见了家长，得到了对方父母的认可。2015 年 3 月，在家人的资助下，张启亮以 42 万元首付款、88 万元贷款以及约 13 万元的税费和中介费，购买了北京市某区一处 60 平方米的房产，每月需支付 5000 元房贷。房屋现值 220 万元。

2015 年 10 月 1 日，李楠和张启亮登记结婚。婚后，夫妻俩居住在新购房屋内。2016 年 7 月，夫妻俩以 12 万元购买了一辆二手奥迪车，其中 7 万元为李楠父亲出资，该车登记在张启亮名下。

李楠一心想建立自己的小家，她兴冲冲地拉着张启亮逛家具商场，挑选装饰品。新婚宴尔，一天清晨，家里大门突然开了。李楠在迷迷糊糊中赶紧推醒丈夫："家里进人了，快去外面看看。""是我妈，我把钥匙给她了。"丈夫翻了个身，咕哝道。听到是婆婆来了，李楠赶紧下床收拾。"楠楠起来了啊，我给你们带了点农产品，亮亮忙了一周了，要好好补补，你平时也注意着点。"张母一边絮絮叨叨，一边往冰箱里塞东西。"呦，这怎么还买了洗碗机？这也太浪费了，没几个碗。我跟你说啊，结婚之后花钱不要大手大脚，亮亮工作很辛苦。"李楠只能在一旁尴尬地应和着。本以为这就够绝望的了，临近中午，张启亮的三个姐姐也陆续来到李楠家，不大的房间里顿时叽叽喳喳的，聒噪的声音让李楠倍感头痛，丈夫却一副习惯了的样子，说："我妈和我姐就是来看看我，过一会儿就走了。""这是怕我欺负你吗？"李楠胸口郁结了一股闷气。

　　然而，这只是开始。婚后，张启亮的父母及姐姐经常强行入住夫妻俩本就不大的房子，导致夫妻矛盾不断。2017 年 8 月，李楠生下女儿甜甜。女儿出生后，因张家人有严重的重男轻女思想，不愿意照顾李楠母女。为此，李楠父母特意从河北来照顾她坐月子。在坐月子期间，张启亮父亲曾辱骂李楠，其家人也多次称李楠"你一外地人"。更让李楠寒心的是，丈夫对此不闻不问，没有丝毫表示，无条件地支持自己的父母和姐姐，和他们站在一条战线上，仿佛李楠是他们全家最大的敌人。

　　出了月子以后，李楠带着女儿回了河北老家，甜甜从此由姥姥姥爷抚养照顾。在李楠与张启亮家人的冲突中，张启亮没有保护妻子，令李楠心灰意冷，夫妻感情日益冷淡。2018年4月，张启亮怀疑李楠与同事有暧昧来往，持刀威逼李楠承认出轨。在极度的恐惧和绝望之下，李楠搬离了双方的居所。张启亮带着三个姐姐多次闹到李楠的工作单位，并在李楠回家取自己的东西时殴打李楠。曾经成熟稳重的丈夫变成了现在歇斯底里的男人，李楠看着丈夫撕下温和的面具，露出魔鬼的模样。她再也受不了了。

2018年4月中旬，李楠来到律所，寻求离婚。月底，李楠就收到了张启亮起诉离婚的法院传票。李楠委托律所时，最大的诉求是尽快离婚，保住孩子的抚养权，要求对方支付必要的抚养费，尽量要回父亲7万元的车辆出资款，不求分到夫妻共同财产。律所接受委托后，指派了擅长处理家庭矛盾的律师担任主办律师。拿到对方的起诉状后，苗律师发现张启亮竟然要求对孩子进行亲子鉴定，要求女方支付精神损害赔偿；每次开庭，张启亮的三位姐姐均全程陪同，逮着机会就辱骂李楠。苗律师认为，男方家人欺人太甚，因此建议李楠利用法律为自己讨回公道，该得的财产一定不要放弃。在开庭过程中，苗律师向法院申请不公开审理，将张启亮的姐姐们挡在法庭之外，并指出男方提出的亲子鉴定申请没有法律依据，也没有必要的证据支持。这些申请获得法院的支持。

本案主要涉及以下问题。

首先，能否启动亲子鉴定程序。按照我国法律规定，在婚姻关系存续期间受胎或者出生的子女，推定为夫妻双方的婚生子女。但是，夫妻一方可以提供必要证据证明亲子关系不存在，而另一方没有相反证据又拒绝做亲子鉴定，法院可以推定亲子关系不存在。在本案中，张启亮提出甜甜不是其亲生女儿，并向一审法院申请亲子鉴定，其提交的证据仅为李楠与婚外异性的"暧昧"微信聊天记录截图（事后查明，该聊天记录的具体内容为双方互相关心，并未上升到出轨程度）。在张启亮及其家人的压力之下，主审法官在一次庭前谈话中表示，为了查明真相，经请示领导，决定启动亲子鉴定程序。对女方来说，亲子鉴定不仅会伤害孩子的身心健康，更关系着女方当事人的尊严，因此女方当事人坚决不同意进行亲子鉴定。苗律师指出对方提交的证据不构成规定的"必要证据"，法院依据这一证据就启动亲子鉴定程序，毫无疑问将导致往后离婚诉讼中亲子鉴定数量剧增，不利于维护家庭的和睦和稳定。在苗律师的据理力争之下，法院不支持男方要求亲子鉴定的主张。

其次，苗律师还一笔笔核对了男方自结婚至今的所有银行流水记录，发现男方一直向女方隐瞒自己的真实收入，于是要求法院按照男方的实际工资计算抚养费。我国法律规定，双方可以协商确定抚养费，协商不成的，如果支付义务方有固定收入，抚养费一般可按其月总收入的20%~30%给付，月总收入一般包括每月税后工资和平均到每月的奖金、补贴。在本案中，张启亮一直向李楠隐瞒其真实收入，声称自己每月收入只有 10 000 元，其公司开具的工资证明显示其每月基本工资仅 9000 余元。为此，我们仔细整理、核对了男方工资卡的流水明细，发现男方每月除了基本工资，还有奖金，其月收入平均有近 20 000 元，因此要求男方每月支付 5000 元抚养费。通常来讲，抚养费的标准不仅受支付一方收入水平的影响，还受子女生活开销需要及当地消费水平的影响，为此，女方提交了大量孩子实际开销的票据，最终获得法院的支持。

最后，关于如何计算房屋现值的问题。许多离婚案件均涉及房屋价值的计算问题。在司法实践中，双方可以协商确认房屋现值，如果双方不能对房屋现值达成一致意见，一般可向法院提起房屋价格评估申请。在本案中，房屋系男方婚前房产，婚后共同还贷及其增值部分为夫妻共同财产。如果双方不能对房屋价格达成一致意见，就只能进行房屋价格评估。张启亮一方认为房屋系其婚前购买，婚后使用自己的工资偿还房贷，不需要向李楠支付折价款。李楠原以为这房产和自己没有关系，但婚后双方的工资收入均为夫妻共同财产，张启亮用夫妻共同财产还贷，法律明确规定还贷及其增值部分是夫妻共同财产。在本案中，如果不是张启亮在法庭上咄咄逼人，李楠甚至想要放弃自己的份额。苗律师认为，李楠的妥协和退让会让男方在财产分割时狮子大开口，因此，她支持李楠争取自己该得的利益。张启亮得知自己需要支付补偿款后，极力压低房屋价格，因此女方及时提起了房屋价格评估申请，为法院确定房屋价格提供了重要的证据支持，也狠狠地打击了张启亮一家的气焰。

本案一审经判决结案，双方离婚，女儿甜甜由李楠抚养，张启亮每月需支付抚养费 5000 元；张启亮需支付李楠房屋补偿款 10 万余元，张启亮需向李楠支付房屋评估费 4000 元；二手奥迪车辆归张启亮所有，但需要支付李楠折价款 4 万元；双方名下存款、公积金均分。一审判决下发后，张启亮向北京市第二中级人民法院（简称"二中院"）提起上诉，二中院驳回上诉，维持原判。

我们从李楠的讲述以及张启亮家人在离婚案中的种种表现可以看出，夫妻俩的矛盾主要来自张启亮家人的干涉。李楠结婚太早，没有应对家庭矛盾的经验，变相纵容了张启亮家人的行为。甜甜的出生凸显了李家和张家在价值观上的差异：张家重男轻女思想非常严重，而李家显然更加认同男女平等的观念，价值观差异带来的是因日常琐事而起的频繁争执，而夫妻俩对此采取的态度是回避，并在婚姻里各谋出路。在结婚之前，张启亮已经在家人的授意下隐瞒自己的真实收入，处处防备着李楠；李楠则在婚外寻求精神寄托，导致这段婚姻最终走向破裂。如果双方来自价值观完全不同的两个家庭，婚姻确实需要经受极大的考验。从我们的办案经验来看，这样的夫妻大多会在双方家庭的干涉下走向离婚，极少有夫妻可以勇敢地站出来，坚决维护自己的婚姻，对自己的大家庭说"不"。

婚姻当中切忌"非黑即白"

如果你问我"门当户对"对于长久的婚姻是不是很重要,我会说,它的确是减少伴侣相处过程中的矛盾的重要因素之一,但不是决定婚姻是否幸福的关键。"门当户对"代表伴侣双方拥有相同或相似的成长环境、教育程度和价值观念,换句话说,"门户"代表我们的成长经历,影响着我们对"家庭"的认知与期待。

比如这个案件中的当事人,男方成长在有多个子女的传统家庭,作为家中唯一的儿子,被父母和三个姐姐照顾长大,是家庭的中心。因此,在他的心目中,"家庭"就是一大家子其乐融融,男性在家庭中占据主导地位。女方则不然。她成长在独生子女家庭,被父母呵护长大,因此,在她的心中,"家庭"是爸爸妈妈和自己组成的小家,成员之间是彼此平等的,相互尊重、相互关爱是她对家庭的认知。

当双方抱着对"家庭"不一样的理念走到一起时，难免发生本案这样的矛盾冲突。所以，许多婚姻中的矛盾，一开始并不取决于谁对谁错，而取决于双方能否站在维护自己和伴侣所组建的新家庭的立场上，通过换位思考理解对方的态度、情绪、行为产生的原因，并在此基础上通过沟通达成共识，形成适应新家庭的相处模式。

在伴侣争吵的过程中，我们往往会发现一种"非黑即白"的思维模式，即"我是对的，你是错的"，两个人非要争个输赢对错。这样的冲突，要么导致夫妻双方两败俱伤，都是输家；要么一方一味包容、压抑自己的愤怒与委屈，终究无法真正解决问题，反而会因为情绪积压久了，对婚姻生活愈发不满，于是透过许多鸡毛蒜皮的小事宣泄自己被压抑的情绪，或者通过错误地寻找婚外的对象平衡情感需求，从而走向情感淡漠甚至婚姻破裂的结局。

"非黑即白"是心理咨询过程中常见的一种歪曲思维模式，也是一种非常幼稚的思维模式。四五岁的孩子在建立内心秩序感的关键期常会呈现这样的简单思维，比如看电视的时候会说"这个是好人、那个是坏人"。随着个体的成长、逻辑思维的发展、社会经验的增加，人会慢慢知道每个个体都有优点、不足，人是各种特质的整合，许多行为没有绝对的对与错，要放在不同的情境中辩证地思考与判断。婚姻也是如此。我们带着各自原生家庭的历史经历迈入新的人生旅程、组建新的家庭，如果硬要要求新家庭和自己的原生家庭一模一样、潜意识还生活在自己过去的环境中，就没有办法全心全意地投入一段新的情感关系，个体也就无法向前发展。

因此，当伴侣意识到"我们现在组建了新的家庭，要彼此支持、共同经营好家庭"时，我们就能接纳双方原先的不同观念，更多地站在对方的立场上思考更好的解决方案，达成解决矛盾的共识，建立新家庭的规则与相处模式。

在这里，我们可以采用一种"我句式"的沟通方式，这是一种在处理矛盾冲突时，能够充分表达自己的情感、提高沟通效率的语言表达方式。"我句式"分三个步骤：第一步，说出对方做出的不当行为，或者说出刚才发生的事；第二步，谈自己的感受；第三步，向对方提一个要求或请求。

就本案来说，女方最初的不满来自男方的家人随意打扰新婚夫妻的生活、干涉两个人的家庭事务、对小两口的生活指指点点，而男方仅仅站在理解自己家人的立场上，没有维护自己的妻子。这时，妻子可以用"我句式"与丈夫好好谈一谈。

"我们刚才在睡觉，姐姐们直接拿钥匙进门，我能理解你的家人很关心我们，也习惯了一大家人随意走动，但是我感觉很不自在，不太好意思有人突然进入我们两个人私密的空间。我希望我们共同制定一个规则，比如他们来之前可以打电话沟通一下，每个周末选择一天当作家庭日，大家一起聚会，告诉他们我们会努力经营好我们的小家，让他们放心。"

"我句式"指向"我自己"。谈我看到的、我的感受、我的要求，对方不会感到被攻击，所以不会产生防御、对抗的行为。同时，"我句式"告诉对方我的感受，能够引发对方换位思考。在这样的沟通模式下，男方也可以表达自己的想法，双方会共同探讨彼此都可以包容与认可的规则，既让关心自己的亲人放心，又维护了小家的立场，打破"非黑即白""我对你错"的刻板思维。

个体的关系是发展变化的，不能一味停留在原生家庭的习惯当中，尤其是当两个人结合之后，在很多情境中，个体不再是"我"和"你"的关系，而是"我们"，是一个整体的关系。当矛盾、冲突产生时，站在"我们"的立场上，双方要有理解、有包容、有争取、有退让，因情感连接达成共识，这样才能真正实现小家与大家的美满、和谐。

第11章

五日夫妻

人们对婚姻的期待
值太高，总希望它是港
湾，给自己依靠，却不
曾想，婚姻这东西，是
需要人来保护的。

婚姻的幸福并不完全建立在显赫的身份和财产上，

而建立在夫妻双方互相崇敬上，

这种幸福本质上是谦逊和朴实的。

"结发为夫妻，恩爱两不疑。"婚姻就是从茫茫人海之中选定一人，互相理解，互相扶持，执子之手，与子偕老，一起从青丝到白发，因此，结婚典礼自古就被认为是一项极为神圣的仪式。西周礼制规定了婚姻成立的六道程序，即纳采、问名、纳吉、纳征、请期、亲迎，是为"六礼"。所谓"纳征"，即彩礼，是指男方向女方送一定数额的货币或实物，作为女方出嫁女儿后劳动力的一种补偿。而现代彩礼①一般用于小夫妻的日常生活开支，用于购置新婚用品、举办婚姻庆典等。这一章的故事要从彩礼说起。

从一个满心欢喜的新娘到婚姻出现问题的失意人，从共结秦晋之好到两家互为仇人，赵含月没想到只花了 5 天的时间。她从前以为两个人只要相爱就够了，却没想到自己的婚姻会因为金钱闹得不可开交。

她认识楚锋的时间并不长，两个人都是国内某高校的高才生，赵含月就读文学专业，颇有才情，样貌甜美，身材高挑，平时喜欢看书、旅行。硕士毕业前夕，含月和朋友们计划来一场旅行，因此结识了朋友的朋友，也就是楚锋。楚锋算得上是含月的师兄，金融专业博士在读，出身优渥，身材挺拔，面容俊俏，笑起来非常有感染力。在旅行过程中，楚锋对含月颇为照顾，帮着叫车、拎包，两个人志趣相投，感情急剧升温。旅行结束后不久，两个人顺其自然地在一起了。

二人于 2013 年 6 月相识，8 月确立恋爱关系，常常一起吃饭、看电影、外出旅游。一年多过去了，两个人渐渐生出结婚的念头。双方父母见过面后，2014 年 12 月 24 日，楚锋和赵含月登记结婚。

---

① 需要注意，《中华人民共和国民法典》第一千零四十二条规定："禁止包办、买卖婚姻和其他干涉婚姻自由的行为。禁止借婚姻索取财物。"所以，按习俗给付彩礼的，应在可接受范围内，不得借彩礼名义买卖、包办婚姻、干涉婚姻自由。——编者注

2014 年 12 月 25 日，楚锋的父亲向赵含月的银行账户转账 30 余万元。

2014 年 12 月 24 日至 27 日，赵父和赵母在其老家山东省青岛市为双方举办结婚答谢宴，招待宾客。在那期间，到处都是喜气洋洋的红色，宾客人来人往，祝福声此起彼伏。含月的父母满脸笑意，不停地引着亲朋好友到座位上去。在这期间，楚锋的父母却感觉受到冷落，不满意女方的亲戚们；在听到含月的奶奶谈论彩礼时更是怒火中烧，连带着埋怨起了儿媳妇，并多次跟儿子提起这些事。楚锋本就因为这几天接连不断地招待宾客而身心俱疲，在听完父母的话后也心生不满。一忍再忍后，29 日晚，楚锋终于忍不住找到赵含月，一股脑地把情绪宣泄了出来。赵含月也十分委屈，两个人便因各种琐事争吵了起来。矛盾一再升级，推搡间，赵含月突然打了楚锋一巴掌，长长的指甲在楚锋脸上留下几道细长的伤痕。楚锋被打蒙了，从小备受宠爱的他从来没受过这样的侮辱，愤怒让他失去了理智，他用力推了赵含月一把，把她推到了雪地里。双方亲友见状赶紧把二人拉开。之后，楚锋和父母开始要求离婚，此时距离双方登记结婚只过了 5 天。2015 年元旦，赵含月向其母亲转账 25 万元。

发生争执后，楚锋执意离婚。楚锋的父母也向赵含月及其家人施压，要求赵含月尽快同意离婚，并退还彩礼 30 余万元。赵含月不同意离婚，试图挽回，但楚锋拒绝沟通交流，坚决要求离婚。

2015 年 4 月 13 日，因协商离婚不成，楚锋向北京市某区人民法院提起离婚诉讼。为应对本次诉讼，赵含月找到律所，表明其不愿意离婚的立场，希望在法庭上与对方好好沟通。

"我相信我们两个人还是相爱的，只不过我们需要沟通。我希望挽回这段婚姻。"赵含月找到律师时，语气十分坚定。二人虽然相处时间短，结婚也带着几分闪婚的性质，但赵含月相信，二人的感情并不是全靠时间培养出来的，他们情投意合，一定可以继续走下去。

2015 年 9 月 13 日，法院判决驳回楚锋的诉讼请求。判决出来后，律师告诉赵含月，对方在不准予离婚的判决生效之日起六个月后可以再次提起离婚诉讼。一般来说，如果双方关系没有缓和，那么第二次离婚诉讼，无论女方是否同意离婚，法院都极有可能判决离婚。因此，律师建议赵含月理性评估双方的关系，如果和好无望，就需要做好离婚的心理准备。

在判决宣布后，赵含月不肯放弃。她知道楚锋已飞往国外继续深造，于是买了机票飞到楚锋所在的国家，她希望二人能够冷静地坐下来好好沟通。赵含月采取了各种办法、软磨硬泡，楚锋却丝毫没有动摇。答谢宴期间发生的事仿佛导火索，使过往所有甜蜜的回忆化为灰烬。僵持了一个多月后，赵含月终于死了心，心灰意冷地回了国。

2016 年 4 月 7 日，楚锋再次起诉离婚，并要求赵含月归还彩礼。经过一年的冷静，赵含月明白双方的关系已不可能得到改善，因此同意离婚，但不同意归还彩礼等款项。为此，赵含月继续委托我们代理第二次离婚诉讼。

在本案中，赵含月处于非常不利的法律地位，因为根据《最高人民法院关于适用〈中华人民共和国婚姻法〉若干问题的解释（三）》①的规定，夫妻婚后未共同生活，一方起诉返还彩礼，人民法院应予以支持。因此，从法律的角度来说，本案的最大争议点是 30 余万元是否属于彩礼。律师们多次组织团队成员讨论案情，分析其中涉及的各种法律关系，并将案件自始至终的时间节点进行了详细梳理。

开庭期间，在法官问及这笔钱的性质时，楚锋脱口而出："这笔钱是我爸妈给我们的。"女方律师随即向楚锋询问这笔钱的用途，楚锋回答说是给他们生活的，楚父也证明这笔钱是拿来给两个孩子读书、生活用的。因此，这笔钱实际上属于赠与。女方律师从这里入手，从两方面论述 30 余万元不属于彩礼，而是楚锋的父母赠与楚锋和赵含月的生活费用。

其一，给付 30 余万元的时间不符合给付彩礼的习俗。按照传统习俗，彩礼一般是登记结婚前给付。但在本案中，楚锋与赵含

---

① 《中华人民共和国民法典》颁布，《中华人民共和国婚姻法》废止。此处内容对应《最高人民法院关于适用〈中华人民共和国民法典〉婚姻家庭编的解释（一）》中的规定，后同。——编者注

月于 2014 年 12 月 24 日登记结婚，楚父于 2014 年 12 月 25 日向赵含月转账 30 余万元，即楚家给付 30 余万元是在双方登记结婚之后，这并不符合传统习俗给付彩礼的时间。但是，这点并不能成为决定性证据，毕竟双方的婚宴于 2014 年 12 月 24 日至 27 日间举办，在举办婚宴前给付彩礼亦符合常情。

其二，根据对方陈述，将 30 余万元定性为楚锋之父的赠与。在庭审过程中，我们出具了婚宴采购合同等证据，完整地举证该笔费用已用于赵含月在家乡举办的答谢宴，楚锋一时慌张，当庭自认"该笔费用系其父为双方准备的学费"，我们便将 30 余万元定性为楚父对双方的赠与，且该笔费用已经用于双方的婚宴。

虽然在第二次离婚诉讼中，楚锋要求赵含月返还 30 余万元的请求未能获得支持，但他随后又提起离婚后财产纠纷诉讼。赵含月举证用于婚宴的开销以及结婚期间的生活费用已经远远超过 30 余万元，于是法院再次驳回楚锋的诉讼请求。

双方婚前有较长时间的相处，但登记结婚仅 5 天，楚锋及家人就坚决要求离婚。在离婚过程中，两次离婚诉讼后，即使法院已对财产问题进行了处理，但楚锋坚持第三次提起离婚后财产纠纷之诉，要求前妻返还自己父亲转账给她的财产。即使第三次诉讼不被驳回，楚锋所能获得的钱财都不足以缴纳律师费，其"不蒸馒头争口气"的意图相当明显。曾经恩爱的伴侣如今沦为怨侣，案子总有终结之日，人生之路却还很漫长，何必执着于此？

别被情绪牵着走

psychology

情绪的升级

心理学中把情绪分为原生情绪和衍生情绪。原生情绪是指在事件发生之后，我们自然而然产生的情绪，大多是本能反应。比如打雷了，我们会害怕。衍生情绪则是由我们的想法引起的，是原生情绪经由想法加工之后的感受。比如，我被推了一下、摔倒了，我觉得很疼，会不开心；如果我觉得推我的人是故意的，那么我就会很愤怒。在这里，"不开心"就是原生情绪，"愤怒"就是衍生情绪。本案中愤怒情绪不断升级，最终演变成"甜蜜相恋的伴侣结婚 5 天就面临婚姻破裂"的悲剧，消极的衍生情绪发挥了太大的作用。

在本案中，由于男方始终拒绝沟通，我们无从得知到底是什么样的不合理想法让双方的情绪一再升级，最终闹到大打出手的地步，仅从一些端倪中推测可能与双方长辈赠与彩礼的多少、男方的长辈感到被亲家亲属冷落有关。作为长辈，参与婚礼的目的是为新人送去自己的祝福，女方家人举办答谢宴的时候，难免因为要招呼众多当地亲朋好友而冷落了远道而来的亲家，或者女方的奶奶因为年事已高、表达不清楚等说错了彩礼的信息，此时，男方的原生情绪可能是失落、诧异、不高兴，但经过男方家长的不断加工，导致愤怒升级并爆发，让好好的一段感情走向破裂。

避免情绪升级的沟通方式

我们从本案中可以看出，不合理的认知会导致负面情绪升级，造成无法挽回的不良后果。那么，婚姻中遇到矛盾与误解、产生很强烈的负性情绪时，我们该如何抑制消极的衍生情绪，维持爱情的温度呢？

1. 觉察自己的想法，让不合理认知的车轮停下来

衍生情绪是由不合理的认知所引发的，因此，我们首先要觉察当下是什么样的想法在左右自己的情绪。正如我们刚才提到的关于"男方家长在答谢宴上感到被冷落"的事件，如果男方家长抱着"女方家属不尊重我们，故意摆姿态冷落我们"之类的想法，就会引发愤怒的衍生情绪。

可见，男方家长的愤怒情绪是由某个不合理的想法引发的，而情绪并不等于"事实"。要消除冲突，就要先消除造成冲突的不合理想法。

2. 进行现实检验，反驳不合理信念，找出合理信念

你可以多观察一下周围的环境，思考一下是否还有其他认知能够解读当下的情景。你也可以想象一下，这件事如果发生在别人身上，自己会怎么解读？这样的方式可以让我们回归理智的思考，探索更加合理的解决方案。

3. 与对方沟通

处在情绪中的当事人，往往会使用指责、辱骂、贬低等攻击型沟通模式，从而激化双方的矛盾。在这里，我给大家介绍一个在有情绪时能让双方顺利、有效地表达自己内心的需求，找到解决方案的沟通方法。

首先，你可以带着激动的情绪如实陈述当下发生的事情，比如"我看到你的父母一直在找你们家的亲朋好友，而我的父母一直静静地坐在一旁，没有人和他们打招呼"。基于事实的沟通是大家都看得到的、不加个人主观情绪的，能够把大家带到一个平等的氛围中开始沟通交流。

其次，叙述由你看到的事实所引发的情绪感受。比如"我感到我的父母被冷落了，他们大老远地来到这里，和你家的亲戚也

不熟悉，看着他们失落的样子，我很心疼"。你表达了这些内心感受，会引发对方更加积极的倾听。与以指责的方式表达"你冷落了我的父母，他们是客人，你应该照顾好他们"相比，以"我句式"来表达自己内心的感受，反而更容易让对方主动自发地共情你的感受。

最后，你可以提出自己内心想要实现的真实需求。你希望对方怎么做——这个做法要明确而具体，比如做什么、怎么做、什么时候做。你可以这样说："我希望你可以和我一起多陪陪他们，介绍亲戚朋友给他们认识，让他们在这里不会过于尴尬。"

警惕情绪化推理

情绪是思维的镜子，情绪并不等于事实。当我们体验到能量很强、很激烈的情绪时，恰恰应该思考：是什么样的想法让我产生了当下的情绪。这样的思考可以避免我们掉入情绪陷阱、被卡在一种"情绪化推理"的不合理认知中。

"情绪化推理"是一种被情绪牵着走的状态，即把情绪当成事实依据，用自己的情绪推导事情真相。比如本案中的男性当事人，其消极的认知引发愤怒情绪，之后他任由自己被愤怒情绪摆布，认为二人的关系是失败的、不值得挽回的，最终轻易放弃了原本很美好的婚姻。

为何要将愤怒坚持到底

不知你是否和我一样，为这对"五日夫妻"惋惜。作为旁观者，可能很多人会感叹怎么就不能退一步，怎么夫妻俩吵个架、拌个嘴，就把一年半的感情随意地放弃了？

从我的理解来说，是因为我们面对"愤怒"这种衍生情绪要比面对其他情绪容易得多。攻击、指责别人很容易，让自己退让一步、承认认知上的错误、接纳自己因不合理认知而产生了种种负面情绪很难。

无论在答谢宴上被冷落还是争夺彩礼，其中都可能夹杂着羞愧、自卑等让人不那么容易接纳的情绪。接纳这些情绪就意味着我们要承认是自己不够好，因此更容易用愤怒的情绪来掩盖内心的慌乱——这一切都是别人的错，至少不是我的错。

真正难的事，难道不是面对真实的自己吗？

第12章

消失的婚姻

其实，不是婚姻变了，而是人变了。

婚后三天男方艾滋病病发，律师助女方
确认婚姻无效

婚前只是爱情，

婚后是爱情加义务。

　　临近新年，商家们早就推出了各种各样的营销活动。大街上人来人往，一家三口集体外出游玩，小情侣们打打闹闹，小朋友们在人群中跑来跑去，到处弥漫着欢乐的气息，寒冷的空气也变得热腾腾的。然而这份快乐并没有感染到一对母女，她们步履匆忙，面无表情地奔赴律所，两个人心里都沉甸甸的。

　　见到律师后，这位母亲情绪激动："他这是要毁了我女儿，我

女儿才 25 岁，这以后该怎么办啊！"说着说着，眼泪忍不住淌了下来。旁边的年轻女子见状，赶紧搂住母亲的肩膀安慰她。这名女子的态度还算冷静，待母亲的情绪缓和下来后，她慢慢地把整件事告诉了我们。

这名女子名叫董佳，她和丈夫陈成相识于大学时代，后确立恋爱关系。大学毕业后，陈成赴国外留学，双方通过电话和网络进行沟通交流，维持恋爱关系。相隔万里并没有拆散这对有情人，他们在各自的领域不断努力着，期待重逢的那一天。2015 年，陈成回国工作，双方于 2015 年 11 月 30 日登记结婚，目前均是北京某企业的高级白领。

结婚后第三天，陈成突然发起了高烧，持续不退，董佳连忙把陈成送去医院就诊。陈成在医生的建议下做了血清检测，被确诊患有梅毒且艾滋病病毒检测呈阳性。董佳得知后十分震惊，她急忙前往北京各大可检测艾滋病的医院咨询，被告知陈成患有艾滋病，且在婚前较长时间就已患病，现艾滋病症状已经显现并伴有并发症，目前没有治愈的可能。

艾滋病，她经常在社交平台上听到这个词，讲这个病有多么恐怖，却从没想过有一天这种病会离她这么近。她压抑不住自己愤怒的情绪，再三追问陈成，陈成终于承认自己在国外读书时和同学外出有过嫖娼行为。董佳追悔莫及，当初出于对陈成的信任和对双方感情的尊重，他们并没有进行婚前检查便登记结婚了。

在情绪平复后，董佳开始为自己的身体健康担忧，尽管双方并未同居，但董佳亦进行了艾滋病病毒抗体检测，所幸结果呈阴性。结婚一个月后，2015年12月底，董佳彻底无法接受被陈成欺骗的事实，便找到律所，希望律师代理其提出离婚诉讼，解除婚姻关系。

在整个咨询过程中，我们深切地体会到董佳的痛苦：异地恋期间，自己一直洁身自好，坚守双方的爱情，没想到未婚夫一边在烟花柳巷流连忘返，一边假装深情好男人，哄骗她成婚。

负责这个案件的律师多年来一直行走在用法律维护妇女权益的道路上，她在了解董佳的悲惨遭遇后，第一时间想的是如何运用法律手段最大限度地降低此次遭遇对董佳今后的人生造成的影响。结合法律规定以及男方婚后三天即艾滋病病发的既定事实，律师团队确定将本案的诉讼方向改为申请婚姻无效，以期为董佳抹掉这段婚史。董佳的母亲咨询其他律所得知通过离婚诉讼请求会给女儿未来追求幸福带来影响时，感到无力接受，在听到我们的方案后，她如同抓住了救命稻草，很快和董佳一起同意了我们的方案。

接受董佳委托时，正是2015年12月31日。为了帮助董佳尽快解决此事，以全新的面貌迎接农历新年，我们在接受委托当天即着手准备立案材料。元旦后的第一个工作日，我们便去法院办理了立案手续，之后主动与法官沟通，积极推动庭审程序。与此同时，我们从双方多年的感情入手，对陈成动之以情、晓之以理，陈成也感到十分羞愧，同意配合申请婚姻无效的庭审程序，以弥补董佳受到的情感伤害。我们在 2016 年 1 月 16 日拿到法院宣告婚姻无效的判决。本案从收案到判决仅仅 16 天，最终判决原告董佳与被告陈成婚姻无效。

开庭当天，陈成全副武装，戴着帽子和口罩，整个人像躲进了阴影里。他似乎对董佳充满歉意，全程没有任何反对意见。但董佳已经不在乎这些了，过往的经历如同不小心落在纸上的污点，而这些污点即将被抹去，她现在迫不及待地想要摆脱这些包袱，重新开始崭新而美妙的人生。

离婚诉讼与婚姻无效之诉

在这个案件里，董佳很不幸，交往多年的恋人背着自己出入风月场所还染上了艾滋病，她在毫不知情的情况下，竟然与患病的恋人领证结婚了。可是命运显然拉了董佳一把，在婚后第三天，陈成病发，不仅使董佳免于被感染，还让她有机会抹掉这段不堪的婚史。

董佳的诉求是诉讼离婚，解除双方的婚姻关系，但是我们结合双方结婚时间极短、男方艾滋病已发作等事实，认为可提起婚姻无效之诉。那么，提起离婚诉讼与婚姻无效之诉，在结果和操作上有何不同呢？

第一，从结果上说，这两个诉讼均可解除婚姻关系，但婚姻无效之诉可抹掉婚史。理论上讲，离婚诉讼也可以达到解除婚姻关系的目的，但判决离婚的结果会让女方留下婚史，以后再结婚，则属于第二次婚姻；如果提起婚姻无效诉讼，法院判决这次婚姻关系无效，则不会给董佳留下婚史记录，能达到顺利解除婚姻关系的目的。

第二，从操作上说，婚姻无效之诉的证据要求更高。《中华人民共和国婚姻法》第十条规定，"有下列情形之一的，婚姻无效：……（三）婚前患有医学上认为不应当结婚的疾病，婚后尚未治愈的……"，艾滋病是医学上认定不应当结婚的疾病，这并没有什么争议，但是我们需要举证陈成婚前已患有艾滋病，这就有些困难了。

如果只是诉讼离婚，那么只需要举证陈成现在患有艾滋病、梅毒等疾病。因为按照最高人民法院《关于人民法院审理离婚案件如何认定夫妻感情确已破裂的若干具体意见》第一条的规定，"一方患有法定禁止结婚疾病的，或一方有生理缺陷，或其它原因不能发生性行为，且难以治愈的，视为夫妻感情确已破裂。一方坚决要求离婚，经调解无效，可依法判决准予离婚。"

为此，我们着重向法院介绍了本案的特殊情节，董佳与陈成登记结婚仅三天，陈成便已艾滋病病发，根据艾滋病的流行病学原理可以推断，陈成在婚前已经感染了艾滋病病毒。最终，法院认可了我们的叙述，认定陈成在婚前已经患有艾滋病，并据此判决董佳与陈成的婚姻无效。

婚检制度的必要性

2003 年 10 月 1 日《婚姻登记条例》的实施，正式宣布我国"强制婚前检查制度"被"自愿婚前检查制度"替代。在办理婚姻登记时，拟登记的男女双方无须提交婚前医学检查证明或者医学鉴定证明，即可办理登记。根据《中国卫生统计年鉴2013》对于婚前检查保险情况的统计结果，2000 年，全国婚前检查率为64.6%，2005 年，即强制婚前检查取消一年后，全国婚前检查率呈现断崖式下跌，低至 2.9%。婚前检查率的降低，带来的直接后果是患有严重婚育疾病的男女顺利登记结婚，导致像本案中董佳与陈成这样的情况出现。北京大学人口研究所的王灏晨等人研究表明，取消强制婚检后，我国新生儿出生缺陷发生率亦有所上升 [1]。

从全国范围来看，尽管北京很早就实施了免费婚检的优惠政策，但是 2012 年北京的婚前检查率依然仅为 6.3%，福建、浙江等地区婚检率在 90% 以上，有媒体报道这些地区将婚前检查列为登记结婚的隐性条件。

---

[1] 王灏晨，郭超，李宁，郑晓瑛 . 强制婚检政策取消前后我国出生缺陷发生率变动的 meta 分析 [J]. 中国计划生育学杂志，2013，21（02）:82-87.

对于一些即将步入婚姻的男女来说，他们对于婚前检查的态度是，既然政府都取消强制婚前检查了，说明婚前检查本身就是不必要的。这种想法是对自己和未来的配偶不负责任的心态，我国取消强制婚前检查主要是政府为了践行依法行政的承诺。毕竟，强制婚前检查涉及个人的身体健康状况，属于个人隐私的范畴。按照行政法"法无授权即禁止"的原则，我国取消强制婚前检查并不意味着婚前检查不必要，而是出于对法治、人权的尊重。

婚姻不是儿戏，时光也不能重来。即将步入婚姻的成年人，理应抱着对自己、爱人和婚姻家庭负责任的心态，主动、积极地进行婚前检查，了解自己的身体、精神状况是否适合走入婚姻。

不要拿"信任"绑架婚姻

所谓信任，就是在自己有可能受到伤害的情况下，对对方保持正面期待，所以，信任是有风险的。比如信用消费，是银行在信任我们能够履行契约精神、按时偿还的基础上，预支给我们的金额；而有人可能不会偿还，就是银行要承担的风险。

在心理学中，信任是人格的一种特征和人际关系品质体现的一种现象。防备心强、缺乏安全感的人会通过更多的考核判断对方是否可信；乐观开朗、敢想敢为的人可能更容易相信他人。在人际关系中，如果个体从他人身上得到了安全需求的满足、享受着关系的滋养、愿意为彼此的关系承担相应的风险，个体就会信任他。

所以，先经营好关系，才能谈及信任。而不是为了维持关系、回避责任或问题，用"信任"去要求对方。

本案就是关系与信任之间的因果倒置。案件中的男方，因为背叛了关系，不幸染上疾病；又为了维持关系，欺瞒女方，并以信任和尊重为由哄骗女方不进行婚前检查。案件中的女方既是不幸的也是幸运的，不幸的是她失去了一段经营多年的感情，幸运的是依靠法律维护权益，她拥有了重新谱写人生情感乐章的机会。婚姻的瑕疵可以消失，情感上的创伤却无法轻易抹除。

首先，婚检也好、孕检也好，都能帮助我们维系关系，预知可能需要共同面对、携手解决的问题。我们是否拥有一些隐性基因，双方的身体情况如何，是否适合孕育健康的下一代等，这都是即将结婚生子、组成家庭的两个人有必要共同面对的客观事实，这些方面的问题并不会因为不做婚检、孕检就不存在，反而会因为讳疾忌医延误治疗、孕育出患有先天缺陷的胎儿，甚至像本案一样有危及个人健康的风险。

许多人错误地把婚检、孕检污名化，认为这是对双方关系的考验，代表对对方不信任。探究内心，这是对两个人关系的质量没有把握而产生的防御。"我害怕你无法接受真实的我，所以我不想让你知道。"这首先就是对双方即将组建新家庭的不负责任。婚检中如果查出一方患有肝炎，就在今后的生活中关注伴侣的作息、饮食、工作压力，呵护爱人的健康；如果因此让原本美满的关系破裂，那么只能说明这段情感是禁不住考验的。但是"具有需要长期关注的疾病"这件事，是不会因为逃避婚检而消失的。此外，许多人的偏见来自对疾病的不了解。现在很多疾病已经有了更先进的控制手段，不会对生活、工作以及孕育下一代产生糟糕至极的影响。可以肯定的一点是，无论如何，这些都是两个人要一起了解、共同面对的。

尊重代表接纳你的全部

婚恋中还有很多我们特别想问但是不敢问的问题，比如个人收入、情感经历以及身体状况等。不敢问是因为害怕对方感觉你对他不尊重，这也是对"尊重"的理解存在偏差。

尊重是指对个体平等相待的心态及言行，它指向的是个体的全部。"我尊重你，是尊重全部的你。尊重你的优点、缺点，尊重你的性格、爱好，尊重你可能与我持有不同的观点，当然也有很多共识。"我们只有秉持对彼此尊重的价值观，才能经营好婚姻。

本案中的当事人因为"信任""尊重"而没有做婚前检查，实际上男方一直在做最不尊重女方的行为——恶意背叛及隐瞒自己严重患病的事实，这样的做法已经严重违背了平等相待的原则。虽然随着医学的发展，艾滋病已经能够得到很好的控制，患者的寿命也在延长，在社会上的污名化现象也有所好转，社会大众对患病群体也越来越包容，和艾滋病患者自如地交往、同桌吃饭已经非常普遍，甚至很多艾滋病患者能够在坚持抗病毒治疗、控制体内病毒数量的情况下和健康的个体发展感情、走入婚姻，更幸运的是还能够在医生的帮助下生育完全健康的宝宝。但这些都需要在伴侣知情的情况下，由对方自主选择是否能够接受、是否愿意一起面对。本案的当事人侥幸没有被病毒感染，我个人认为，假如在被隐瞒的情况下感染艾滋病，情况的恶劣程度可以等同于"谋杀"，这是对个体生命权的不尊重。

共情沟通的方法

如果伴侣在婚检、孕检或者一些可能让双方产生误解的事情上发生分歧，那么该如何通过良好有效的沟通模式解决问题呢？这里和大家分享一个"共情沟通"的方法。

第一步，接纳、允许对方宣泄情绪。比如，当你向伴侣提出希望做婚前检查的时候，伴侣因为一时的误解而生气，觉得你不信任他、在怀疑他等，我们要允许他先把情绪宣泄出来，充分倾听他的表达而不打断。

第二步，表达你感受到的表面情绪，回应你理解的深层需求。你可以说："我感到我提出做婚检的要求，你非常生气。你希望我能够完全信任你，我们一起携手走入婚姻，所以你很恼火，也很委屈。""生气"是对方表面宣泄的情绪，而对一段彼此信任、相互依靠的情感关系的需要，是对方的深层需求。

第三步，找到可以满足双方需求的行为。"我和你的想法是一样的，我们即将携手组建一个新的家庭、共同面对今后生活中的一切美好与挑战，所以我希望做婚前检查，了解彼此的身体健康状况，知道我们今后要关注什么、注意什么。如果你心中还有什么顾虑，你说出来，我们一起解决。"

相爱的人要正视婚恋中的矛盾和瑕疵，用积极的态度去应对，不要陷入过度的消极解读状态。在婚姻中，我们要努力建立让彼此信任的关系，而不是拿信任绑架关系、绑架婚姻。

第13章

真相是假

倘若彼此都只想从婚姻里分一杯羹，那么这段关系迟早会分崩离析。

男方婚前瞒病婚后恶化，律师助女方
快速离婚并分得权益

婚姻中的双方理应互相扶持，

但前提是双方坦诚相待。

日头西落，已经快到下班时间，北京某医院的大厅也渐渐冷清了下来。一位年轻的女士手提挎包，急匆匆地穿过医院走廊，来到住院区。忙碌了一天，精致的妆容掩盖不住她憔悴的脸色。她停在 201 病房门前，打开门，一对五六十岁的夫妻正在照顾病床上昏睡的男人。"爸，妈，你们快回去休息吧，阿亮这边我来看。""没事，没事，佳佳，你也忙了一天了，这边我们多替你看看，爸妈怕你两边跑，身体扛不住。"好不容易哄走了父母，这位女士像断了电的机器人一样瘫坐在椅子上，她盯着悬在半空的输液管，思绪随着一滴一滴落下的药液回到过去。

这位女士名叫陈佳妮，今年27岁，身材高挑，长相清秀，性格单纯善良。佳妮是家里的独生女，父母都是职工，她从小就是一个听话懂事的乖女孩，研究生毕业于北京某知名高校，毕业后顺利落户北京，进入一家大型企业，工作稳定，收入较高。

躺在病床上的是她的丈夫徐小亮，二人是经人介绍认识的。徐小亮的父亲常年在外做生意，家境富裕，但是已经与徐小亮的母亲离婚，之后，徐父再婚，对这个前妻的儿子除了给予物质上的资助，基本上不闻不问。

初次见面，陈佳妮问到徐小亮的学历时，他语气自然地说："我也是硕士毕业，现在已考取××学校博士研究生，打算继续深造。"陈佳妮并未多想，觉得二人还能聊得来。于是相识不久，双方就以结婚为目的开始交往。

2015年4月，陈佳妮以总价207.6万元购买丰台区某处二手房屋，首付款84.6万元，贷款123万元，该房屋登记在陈佳妮名下。首付款中有80万元来自徐小亮家，剩余首付款、中介费及税收等约10万元，由陈佳妮筹措支付。2015年7月，陈佳妮拿到房产证。2015年9月，徐小亮与陈佳妮登记结婚。

婚后初期的生活虽然平平淡淡，但小两口感情尚可。陈佳妮每天出门上班，徐小亮却从未外出工作过。他在外省省会城市有两套房产，靠收取房租度日。有一天，陈佳妮回到家后发现丈夫在卫生间对着马桶狂吐，餐厅桌子上的泡面还冒着热气。陈佳妮连忙把丈夫扶到床边，精心照顾。本以为只是一次普通的肠胃不适，没想到徐小亮连着一个月不见好转，频繁出现疲惫乏力、胃口较差、进食后呕吐的症状，经医院确诊为尿毒症，住院治疗将近一个月。出院不到三天，徐小亮又因身体不适，再次入院治疗半个月。

作为妻子，陈佳妮在医院跑前跑后办手续，照顾徐小亮的起居。父母心疼自己的女儿，也跟着来医院陪护、照顾女婿，并支付了数万元的医药费。而卧病在床的徐小亮因为饱受病痛的折磨，脾气变得越来越暴躁，时常会对陈佳妮辱骂殴打，这让陈佳妮心力交瘁。

病床上的徐小亮翻了个身，"吱呀"的晃动床板声唤回了佳妮的思绪。她看了一眼输液袋，还有三分之一，就随手拿起床头厚厚的病历本翻阅，突然看到过往病历提及病人患有高血压已十多年之久。"十年！我们结婚也才两三年，我怎么从来没听他说过？"陈佳妮一下子蒙了，经过这两个多月的折腾，陈佳妮多少懂得长期的高血压容易引发尿毒症。丈夫虚弱的身体、长长的缴费单、父母年迈的背影……所有画面像潮水般涌上心头。

深夜，医院静悄悄的，陈佳妮独自坐在走廊的长椅上，开始回忆和丈夫相处的细节。被隐瞒的病情像一个锚点，牵连出未被察觉的真相，散落的疑点像珠子一样慢慢被串了起来。她突然想到，除了高血压，每次聊到丈夫的博士学位时，他要么支支吾吾，要么避而不谈。陈佳妮猛地坐起身，拿起手机下意识地拨通了最亲近的人的电话号码。"爸爸……"话还未说出口，陈佳妮就已经泣不成声。在爸爸的安慰中，陈佳妮慢慢说出了自己的怀疑。第二天早上，陈佳妮的父亲跑到徐小亮提到的学校，经过询问发现，这所学校根本就没有徐小亮这个人。徐小亮陈述其为某大学的博士生并非事实。心中的疑虑有了答案，陈佳妮渐渐产生了离婚的念头。

在父母的陪同下，陈佳妮找到律所。她认为对方有骗婚的嫌疑。"我不想自己被这段婚姻毁掉，但毕竟和他夫妻一场，看着他这样我也不太好受。"律师劝陈佳妮先回家明确自己的心意，虽然徐小亮存在欺骗行为，但双方已经登记结婚，对方现在病重且住院，目前起诉面临诸多不确定性。

半年后，陈佳妮再次来到律所咨询。这次是徐小亮主动起诉，徐小亮认为陈佳妮对病重的自己疏于照顾，且不愿意资助自己换肾保命，因此率先提起离婚诉讼，要求分割夫妻共同房产。

陈佳妮表示自己同意离婚，但是想要保住房产，尽量少给对方折价款。律师虽然很理解陈佳妮被欺骗后的悲愤心理，但考虑到徐小亮目前病重且对首付款贡献较多，诉讼形势对陈佳妮不利，建议尽量达成调解。

本案在法院组织过两次调解。第一次，男方律师态度极其强硬，调解未果。第二次，女方律师与男方律师主动沟通达二十余次，男方律师承认了男方的一些过错，但多次表示徐小亮目前饱受病痛折磨，已经瘦得不成人形，健康状况急剧恶化，以此施压。由于当时的《中华人民共和国婚姻法》对病重配偶的扶养义务规定，夫妻间有互相扶养的义务。陈佳妮有稳定收入，徐小亮身患重病，失去了劳动能力，可以要求陈佳妮支付扶养费。对陈佳妮来说，这当然是很难接受的：凭什么他隐瞒、欺骗病情在先，却要自己承担精神上和财产上的巨大损失呢？

在调解过程中，陈佳妮的父母一直强调徐小亮隐瞒病情、隐瞒学历等过错，庭审中法官明确告知双方都是成年人，应该在结婚前了解清楚，这并不属于法律规定的过错情形。陈佳妮的首要诉求是解除双方的婚姻关系。解除婚姻关系有三条途径：一是宣告婚姻无效；二是向法院申请撤销该段婚姻；三是离婚。如果走得通，前两种途径是最好的，这样可以为陈佳妮抹掉这段婚史。按照当时《中华人民共和国婚姻法》的规定，隐瞒患病史不符合可撤销婚姻的要件，在无效婚姻所规定的类型里，只有婚前患有医学上认为不应当结婚的疾病，婚后尚未治愈的，当事人才能向法院申请该段婚姻无效。一般来说，需要证明对方婚前已经患病，婚后一直没有治愈，同时该疾病在医学上被认为不应当结婚。在本案中，陈佳妮只能证明徐小亮婚前患有高血压，不能证明其婚前就恶化成了尿毒症，且这两类都不是医学上禁止结婚的疾病，所以要解除这段婚姻关系，陈佳妮只能起诉离婚。但是徐小亮目前患有重病，陈佳妮作为原告起诉离婚，可能会受到法律和道德的双重责难，因此，调解是最好的途径。

关于房产分割问题，在本案中，男方的父母出资80万元，女方及其父母出资10万元，于婚前购买了房产，登记在女方个人名下，这房产究竟该如何分割？这就需要考虑男方家80万元婚前出资的性质。

第一，男方家80万元的婚前出资是赠与。我国《最高人民法院关于适用〈中华人民共和国婚姻法〉若干问题的解释（二）》对父母出资购房有个原则性的规定，即婚前出资一般认定为对自己子女的赠与，婚后出资一般认定为对夫妻双方的赠与。但本案的特殊之处在于，房子登记在女方一人名下，这笔赠与究竟是赠与谁呢？作为陈佳妮的代理人，律师们当然希望是赠与女方一人，但是双方没有签署书面的赠与协议，这很难说服法官。同时，由于购房时间与登记结婚的时间相距不过两三个月，徐小亮完全可以说双方是为了结婚购房，所以该房产属于夫妻共同财产，同时自己父母出资较多，甚至可以要求适当多分。如果法院将男方家80万元的婚前出资定性为赠与，女方律师最理想的答辩方向只能是赠与双方，最终双方平分房产。即使如此，陈佳妮也要支付折价补偿款 110 万元。

第二，男方家 80 万元的婚前出资是否构成借贷。从法律规定及司法实践来看，父母出资为新婚夫妻购房，一般都会被认定为赠与。如果父母与新婚夫妻双方签署借款协议或者夫妻俩有还贷行为等，法院会根据这些案件事实认定双方构成民间借贷关系。在离婚案件中，父母与自己子女一方在诉讼过程中补签借款协议，即使没有对方的签名，法院一般也会认可其效力。但在本案中，由于房产系陈佳妮婚前购买，即使徐小亮与其父母补签了借款协议，法院也很难认定这笔出资系借贷。

第三，男方家 80 万元的婚前出资是彩礼。由于双方没有对这笔 80 万元的婚前出资进行明确约定，结合陈佳妮的描述，代理律师决定将答辩方向转向彩礼。按照彩礼的相关规定，男方在婚前支付彩礼给女方，双方随后登记结婚并且共同生活了一段时间，女方便无须退还彩礼。如果男方家的 80 万元出资能够被认定为彩礼，那么该房产就是陈佳妮的婚前个人财产，徐小亮只能分割婚姻关系存续期间的房屋还贷及其增值部分。为了尽量帮助陈佳妮争取权益，律师决定先从这个方向进行答辩。

在法官正式介入案件前，本案经过两位调解员的多轮调解。作为女方的代理人，律师坚持认为这笔出资系彩礼，由于女方有北京户口，男方是外地户口，调解员认为答辩意见有一定依据，因此一直劝说徐小亮做出适当让步。考虑到进入诉讼程序后的风险以及徐小亮目前的经济状况，女方也做了适当让步，最终双方在法官的主持下以 75 万元折价款达成调解。签署调解书当天，在外地养病的徐小亮也赶回北京。二人相对无言，徐小亮签完调解书就匆匆搭乘火车离开了。陈佳妮想起过去三年的婚姻，百感交集。

我国自 2013 年 10 月取消强制婚前检查制度以后，结婚前是否进行婚前医学检查完全取决于男女双方的意愿，但是 2000 年至 2005 年，全国婚前检查率从 64.6% 迅速跌至 2.9%，导致隐瞒病史结婚的现象愈发普遍。每隔一段时间就有媒体报道，有人在婚前隐瞒了自己患重症的情况，婚后疾病恶化，对方选择逃离，却受到舆论的口诛笔伐。

作为婚姻家事律师，我们不想从道德上苛责逃跑的配偶。由于夫妻具有相互扶养的义务，因此患病方可以要求受骗配偶每月支付扶养费。虽然从道德上说，配偶在婚前隐瞒重病或者其他严重的家族遗传病，是非常不道德的行为，但本案从当时实施的《中华人民共和国婚姻法》来看，这些情况本身在法律上不是构成无效婚姻或者可撤销婚姻的原因，因此双方的婚姻是有效的，受骗方需要承担扶养患病配偶的责任。同时要说明的是，现行实施的《中华人民共和国民法典》规定了一方隐瞒重大疾病的，另一方可以向人民法院请求撤销婚姻。具体法条为第一千零五十三条："一方患有重大疾病的，应当在结婚登记前如实告知另一方；不如实告知的，另一方可以向人民法院请求撤销婚姻。"

　　如果婚前没有提出进行婚前医学检查，没有主动了解对方的身体状况，对方又隐瞒了自己患重大疾病的情况，二人结婚以后，被欺瞒的一方可向人民法院请求撤销婚姻。但也有可能对方所患疾病并不属于法院规定的可撤销的重大疾病范畴，在这种情况下，被欺瞒的一方就需要承担作为合法配偶的法律责任，如出钱替对方治病，而这就不只是感情的伤害了，还需要承担巨大的经济压力。因此，每个个体在选择步入婚姻殿堂时，无论多么爱对方，也不妨慢一些，谨慎一些，这是对自己最大的负责。

你有多相信爱人给你的第一印象

每天，我们都与无数人擦肩而过。在茫茫人海之中，只因为在人群中多看了那个人一眼，你就决定，打开生命的大门，让那个人走近你，成为你生命中最重要的人。可是你想过没有，是什么让你为他打开了自己生命的大门？让我们回忆和他第一次相见时的场景来寻找答案。

我们对别人第一印象的建立只需要短短一瞬，所以所谓一见钟情也不是没有道理，同时，这个第一印象也会先入为主地影响我们之后对这个人的判断。有心理学研究者发现，只需要约0.1秒，一个人就能通过另一个人的脸判断这个人是不是自己喜欢的类型、是不是值得自己依靠的、是不是值得自己去爱的。持续观察这个人更长时间，比如一分钟，结果表明，最初的判断和自己仔细观察这个人一分钟后的结果是一样的。但这种判断一定是准确、可靠的吗？当然不一定。随着我们对另一个人了解的深入，我们会看到对方有很多与我们之前的判断并不相符的地方。这些不符之处往往是更糟糕的。但为了验证我们对这个人最初的判断是准确无误的，我们常常倾向于相信自己原来认为的，而对我们不相信的那些信息或信号熟视无睹。在心理学上，我们称之为验证性偏差。有心理学家做过亲密关系持续的时间和对自己伴侣了解的准确程度的研究，他们发现两个很有趣的结果：第一，一开始，我们对伴侣的看法就不是很准确；第二，随着时间的推移，我们会越发自信地认为自己对伴侣了如指掌，但这只是盲目的自信，和实际情况存在很大的偏差。

在你接触爱人之初，对方其实也在使出浑身解数来研究如何展现自己最好、最美的一面，从而在你心中获得更高的得分。在心理学上，我们称之为印象管理。比如，女性可能会精心梳妆打扮、穿上最凸显自己优势的衣衫、特别注意使用优雅的举止和谈吐，男性则会有意无意地展现自己的财富、显赫的成就和男子气概。

事实上，不管我们的爱人是否在进行印象管理，我们或多或少都会对其进行美化，有句老话说"情人眼里出西施"，现在流行说"带着恋人滤镜"，这都是有一定依据的。这种会让我们带着"美颜滤镜"来看待伴侣的错觉，在心理学上叫作积极错觉。这种错觉会帮我们放大爱人的优势和长处，却对他们的缺点或局限性大事化小。

听起来，人和人的这种亲密成了一种互相欺瞒的游戏，你是不是一瞬间觉得无法判断自己是不是在自欺欺人了？实际上，我们的亲密关系并没有我们想象的那么糟糕。

首先，在研究结果中，我们可以欣慰地发现，大多数人的确会选择展示自己美好的一面，而不去揭露自己的短处，但他们并不会捏造不存在的情况来蒙骗对方。展现并不属于自己的财富和地位，势必会有被揭穿的一天，最后落得人财两空的境地。所以虽然人们或多或少都会对自己进行印象管理，但并不代表他们会编造谎言，欺瞒另一半。

其次，我们的积极错觉对我们关系的影响到底是好是坏，取决于这个错觉和实际情况之间的差距到底有多大。若关系中存在很多欺瞒和过大的差距，当我们察觉到这个差距时，会非常挫败，也会对婚姻产生很多不满；但当我们关系中的这个错觉相对较小时，这个错觉反而会帮助我们更多地赞美另一半，而另一半也会因为这种赞美而提升自尊、向我们期待的方向发展和成长。

本案中的陈女士和徐先生在结识之初，应该也是看到了彼此最美好的一面。从陈女士的角度来说，第一印象良好，同时家境相对殷实的徐先生就是一个令人满意的伴侣，而徐先生并未提及的高血压患病史和被修饰成博士研究生的高学历，无疑也为其加分不少。如若没有此次病情恶化，之前并没有影响他们实际生活的患病史和学历造假就显得无足轻重，陈女士可能也会继续忽视从未见过徐先生去学校的事实。但当多年的高血压引发严重的健康问题后，这个之前看起来健康又有学识的最佳伴侣的形象就一下子土崩瓦解了。这也就是为什么陈女士会觉得很难接受，因为之前对爱人的积极错觉让事情在现在变得荒谬而可怕，她会觉得自己的婚姻充斥着谎言与欺骗，无法继续下去。

其实就如前文所讲，每个人或多或少都会对自己进行印象管理。谁不希望自己能更受别人喜爱呢？但大多数人都会坚持一个原则，就是不无中生有和隐瞒重大隐患。试想，如果陈女士在认识徐先生之初，就得知他患有高血压以及并未就读博士的事实，如果陈女士最初就不愿意接受这样的徐先生，那么今日对簿公堂以及徐先生在财产上的损失也许就能避免。如果陈女士最初就愿意接受徐先生的情况，那么对于他的学业发展，陈女士也会做一些从家庭角度出发的规划；对徐先生的健康管理，陈女士势必会增加关照；对徐先生的健康状况，陈女士也势必会多加留意，不至于最终认为自己被蒙骗。

记得一部电影里曾说："婚姻是场错误，我愿意与你将错就错。"在面对错误时，是什么给了我们勇气？是爱吗？我想，应该是坦诚。

第14章

恶 意

《致橡树》：我们分
担寒潮、风雷、霹雳；
我们共享雾霭、流岚、
虹霓。

男方承认家暴，律师助女方争得价值较大房产

　　婚戒只为见证爱意的永恒，
　　不应成为承受暴力的枷锁。

　　清晨，天气正好，北京一小区某一户的卧室窗帘却被严丝合缝地拉了起来，不容一丝阳光照射。整个房间黑漆漆的，伸手不见五指，像一个要吞噬人的黑洞。过了很久，从被子里伸出一只手，拿起床头柜上的手机拨通了电话号码，几声"嘟"之后，一个沙哑的女声响起："喂，是小李吗？那个，我今天不太舒服，请个假，明天去上班。""哎，好的，姐，哪里不舒服啊，要不我下

班去看看你。"对面的声音听起来活力四射。"不用了，不用了，就普通的小感冒。"女人的声音明显紧张了起来，"就先这样吧，挂了，明天见。"

挂了电话，女人打开灯，下了床，刺眼的灯光让她忍不住闭上眼，缓了一会后，她一步步挪到了卫生间，看着镜子里的自己，蓬头垢面，左眼眼眶一片青紫，胳膊上也有几处瘀伤。谁能想到镜子中的女人是北京某公司的高管，月薪上万，光鲜亮丽，这些伤怎么敢叫别人看见呢？更令人难以置信的是，这伤口来自与她关系最亲密的丈夫。

她叫苏月，是北京某公司的高管，2000年时，经人介绍认识了现在的丈夫张鹏。张鹏从事金融相关的工作，属于自主创业，事业也算成功。他身高不到一米八，为人斯文，戴着一副金丝框眼镜，看起来文气十足。二人算得上门当户对，相处了几年后于2004年登记结婚，于2006年育有一子张浩。

有了孩子的时光，两个人过得不温不火。结婚之后的张鹏不复婚前的甜蜜热情，逐渐对苏月冷淡了起来。苏月每天要上班，要照顾儿子，也没那么多精力去揣摩丈夫的小心思，只是觉得丈夫和以前不太一样，却没想到有一天，张鹏竟然对她动了手。那天晚上，苏月下了班，家里保姆也回家了，她在卧室抱着儿子哄他睡觉。听见门口有动静，她轻轻地放下儿子走出卧室，随口问："怎么这么晚才回来？又喝这么多酒，不是叫你少喝点吗？"话还没说完，突然一个耳光打过来，直接把苏月打蒙了。"你管老子呢，事儿这么多。"摘下眼镜的张鹏双眼红通通地盯着苏月，毫无感情，令人心头发颤。苏月回过神来，又是震惊又是恼怒，她很想骂张鹏几句，但又怕他继续动手。苏月身材娇小，毫无反击之力。卧室里孩子的哭闹声突然响起，打破了僵局，苏月赶紧冲向卧室。这一夜，夫妻俩分房睡了。

第二天一大早，苏月刚起床，就看见厨房里张鹏忙碌着，饭桌上摆好了热腾腾的饭菜。他看到苏月，赶紧走过来，说："你醒啦，我今天给保姆放了假，我来做饭、带浩浩，你去上班。老婆，我错了，我昨天不该喝那么多酒，我真不是个人，你还疼不疼？"张鹏一边说，一边轻抚苏月的脸庞，真切的关心让苏月渐渐放下了心防，她不是不知道此刻脸上仍带着痛意，可万一丈夫昨天只是心情不好、过于冲动了呢？这次就原谅他吧。

时光渐渐流逝，转眼间，儿子8岁了，学校里的老师渐渐反映浩浩上课时坐在椅子上来回扭动，眼睛东张西望，手里不停地摆弄物品。老师提醒苏月，孩子是不是有一点多动症。最开始，苏月并没有把这件事放在心上，小男孩嘛，总是调皮爱动的。渐渐地，苏月发现浩浩不仅无法集中注意力，身体也不协调，情绪还非常不稳定，有时会突然兴奋，说个不停。她赶紧带着孩子去看医生，浩浩被确诊患有多动症，需要定期去医院做干预治疗。

经常请假带儿子去做治疗以及高额的治疗费用，都让苏月觉得吃不消。苏月的父母都在外地，身体也不太好，苏月不想让他们担心，总是报喜不报忧。可丈夫对此却不闻不问。儿子长那么大，他抱孩子的次数十根手指都数得过来，这让苏月很是不满。面对妻子的指责，张鹏解决的方法就是再次动手。苏月的脸上、胳膊上、大腿上都有被打之后留下的伤痕。面对如此可怕的丈夫，苏月选择了报警。在警察的调解下，张鹏写下了保证书。可每过一段时间，张鹏就会故态复萌，平时在外面一副好好先生的样子，回了家就冲着妻儿发火，每次清醒后又会道歉，这让苏月备感无力。她的心在一次又一次挨打中渐渐麻木，她经常抱着儿子默默流泪。身边关系特别近的朋友劝她离婚，可她考虑到孩子还这么小，每次治疗要花高额的费用，她一个人很难承担，就算是为了孩子，也得咬牙忍过去。苏月这么安慰自己，然后把每次的伤口拍照记录下来。

但过分的纵容只会让做坏事的人变本加厉，过分猖狂。有一次，张鹏又动手了，这一次苏月觉得自己差点死了，她觉得不能再这样下去了，张鹏就是个魔鬼，她得逃，得赶紧带着孩子离开他。于是，苏月来到律所。

通过咨询，我们了解到苏月在十几年的婚姻期间，身心一直饱受张鹏的折磨，且张鹏家庭观念淡薄，对患有多动症的儿子不管不顾。苏月独自承担养家、育儿的重任，丝毫感受不到丈夫的关爱，她对这段婚姻感到心力交瘁，只求快速从中解脱。

苏月以张鹏婚后多次实施家庭暴力为由起诉离婚，要求直接抚养儿子张浩，依法分割婚后共同购买的两套房产和一辆汽车，并要求张鹏承担家庭暴力损害赔偿责任。两套房产中，一套价值约1000万元（以下简称大房产），一套价值400万元（以下简称小房产），苏月希望律师可以替她争取大房产，将小房产分给张鹏。

为了帮助苏月尽快脱离苦海，办案团队多次与张鹏沟通离婚事宜，但张鹏态度恶劣，对办案律师多次进行辱骂及人身威胁。面对张鹏的威胁，律师们有条不紊地推进工作，办案团队连夜整理了该案的证据材料，分析了整体的诉讼形势，最终确定以家庭暴力为突破口的诉讼策略。

在案件审理过程中，张鹏同意离婚，但态度强硬且恶劣，一直辱骂苏月及其律师，以言语相威胁，不认可家庭暴力事实，不主张孩子抚养权，不肯支付抚养费，不愿意将价值较高的房产过户给苏月，亦不愿意给予苏月补偿，颇有一种"我不好过，你也别想好过"的意思。

苏月及其律师未与张鹏过多纠缠，而是积极与法官沟通，主动提交了家庭暴力的相关证据。张鹏亲笔书写的"保证书"上载明："我张鹏现在向妻子苏月做出如下保证：不再殴打、辱骂、冷暴力，遇到问题及时沟通，如再有殴打妻子的情况，本人净身出户。"保证书间接承认了张鹏家庭暴力的事实；另有因张鹏实施家庭暴力，苏月三次报警的记录，亦可作为家庭暴力的佐证。

女方提交的证据令张鹏感受到极大的压力。在调解过程中，法官和女方律师以孩子张浩为切入点，积极创造双方理性沟通的外部环境。张鹏逐渐恢复平静，女方律师适时提出折中的解决方案，即由双方之子张浩持有大房产的多数份额，苏月持有部分份额，张鹏可适当持有份额。最终，张鹏接受了调解方案，并及时协助苏月办理了房屋过户手续。

本案经调解结案。双方自愿离婚；双方之子张浩由苏月直接抚养；位于北京市昌平区的小房产归张鹏所有；位于北京市朝阳区的大房产由苏月、张鹏、张浩共有，其中苏月占有 30% 的份额，孩子张浩占有 65% 的份额，张鹏占有 5% 的份额。

2016 年 3 月 1 日起正式实施的《中华人民共和国反家庭暴力法》第三条规定，本法所称家庭暴力，是指家庭成员之间以殴打、捆绑、残害、限制人身自由以及经常性谩骂、恐吓等方式实施的身体、精神等侵害行为。在该法出台前，司法实践对于家庭暴力认定适用十分严苛的标准，一般要求受害人达到轻伤以上等级方能认定。该法出台后，部分法院认可结合施害方亲笔书写的"保证书"、公安机关接出警记录和伤情照片等证据来认定家庭暴力，但是许多法院依然沿袭传统做法，对家庭暴力的认定比较严格。

在本案中，女方持有的证据并不足以使法院做出家庭暴力的确定性认定，因此，在法官组织调解前，女方率先向法庭提交了男方书写的"保证书"、公安机关接警记录等可证明其遭受家暴的材料，给男方造成了心理压力。在后续的调解过程中，男方害怕法院认定其家庭暴力情形，因而在财产分割上的态度变得缓和，最终认可了女方代理律师提出的调解方案，女方代理律师也顺利地为当事人争取到了预期利益。

婚姻最好的结局，当然是结婚典礼上"白头到老"的祝福，但是一段婚姻已经走到尽头，该如何给婚姻一个体面的葬礼？澳大利亚婚姻家事学者帕金森认为："离婚法的作用应该是以在双方当事人之间实现公平最大化以及痛苦、不幸和耻辱最小化为宗旨，从而使已成空壳的法律婚姻走向毁灭。"

纵观世界各国，无论英美法系[①]国家，如美国、澳大利亚，还是大陆法系[②]国家，如德国、法国等，均积极推动家事纠纷案件处理采用非诉讼手段，如和解、调解、调停等程序。这些非诉讼程序的本意是建立一些缓解夫妻间紧张局势或者可以提供安慰、解释的程序，使当事人从糟糕的情绪里解脱，帮助离婚当事人尽可能成熟地应对离婚的痛苦经历，使双方体面地结束婚姻。

婚姻家事案件可因财产而起，亦可因感情纠纷而起，但是在

[①] 英美法系亦称"普通法系"，指以英国普通法为基础发展起来的法律的总称。——编者注

[②] 大陆法系是指欧洲大陆上源于罗马法、以 1804 年《法国民法典》为代表的各国法律。——编者注

审理过程中，当事人往往受情感支配较多，情绪易激动难控，调解员、法官、双方律师需要兼顾双方的财产和情感纠纷，并予以化解。因此，作为一名专业的家事律师，熟悉家事法律法规是基本功，如何与对方律师、法官协同合作，协助剑拔弩张的双方当事人恢复感情、消除对立、实现和解是更为重要的能力。

每一位曾经或正在遭受家庭暴力的女性，也请勇敢地拿起法律武器，维护自己作为一个妻子、一个女性、一个公民、一个人应有的权利。

如何远离家庭暴力

有一部多年以前的电视剧，叫《不要和陌生人说话》。这部电视剧以一个家庭为切入点，展示突发事件导致伴侣由相互爱恋演变为猜忌，也暴露出一些男性在处理家庭突发事情时的极端方式，并逐渐演变成家庭暴力，最终关系走向结束。在这部电视剧里，男主角安嘉和从外表来看稳重、包容，却因为一些小事，无法控制自己的情绪，一言不合便对妻子拳脚相加，经常把自己的妻子打得鼻青脸肿，打完之后又极力安抚妻子，解释他的"无奈"行为，直到妻子忍无可忍，夫妻关系终于走向破裂。这部剧淋漓尽致地诠释了家庭暴力这个词的内涵，也使"家庭暴力"这个一直藏在阴暗角落的"家丑"走进了公众视野。中华全国妇女联合会（简称"全国妇联"）2015 年的统计结果显示，30% 的家庭中发生过家庭暴力。家庭暴力给家庭和社会造成了非常恶劣的影响，我们不应只是把抵制家庭暴力当作一句口号，而应该认真审视、辨别身边的家庭暴力，预防家庭暴力的发生，同时学习如何告别错爱，珍视自己。

要想保护好自己，第一关要先确定自己是不是遭受了家庭暴力。你觉得什么程度的不友好行为算是家庭暴力？心理学上有个测量冲突的问卷，其中的项目可以帮我们了解暴力的程度：（1）乱丢东西或推搡；（2）愤怒地抓挠；（3）掌掴；（4）猛推到墙上；（5）用拳头打；（6）拳打脚踢；（7）用东西打；（8）使用刀枪等武器。以上只是从身体角度进行的暴力，其实现实生活中家庭暴力的形式远比这些更多。你一定也听说过恐吓吓唬（比如打碎东西）、经济控制（比如阻止伴侣上班，让伴侣只能靠自己给零花钱度日）、权力地位控制（比如对家里所有大事拍板做决定）、用孩子威胁（比如威胁要带走孩子）、强迫威胁（比如威胁要伤害伴侣）、情感虐待（比如辱骂或羞辱对方）、孤立（比如限制伴侣与外界接触）、推脱罪责（比如否认虐待的存在）等方式。

不同的人对家庭暴力这个词可能有不同程度的解读，但无论赋予这些行为多么新奇的名字，无论其他人怎么定义或判断家庭暴力，你只要记得一点：在这段关系中，你自己的感觉最重要。你是否觉得自己是自由、安心且安全的。如果你觉得自己被冒犯了，同时感到害怕或被威胁，那你就要判断自己是不是已经被暴力攻击了。哪怕伴侣或其他人说这没有达到家庭暴力的程度，我们也要在意自己的判断。

当你判断自己可能遭受家庭暴力了，你不一定会坚决地离开那个伤害你的人。这种想法很正常，可能在非暴力状态下，施暴的那个人对你很好，让你离不开他；又或者他太可怕了，你担心离开他会遭受更严重的攻击。这时你要看到，家庭暴力对你和孩子的影响。当你觉得需要珍视自己或自己的孩子，而不是忍受这种虐待时，可能就是要离开的时候了。

本案中的苏女士就是一位非常有勇气的女性，在面对严重的家庭暴力时，能最终选择突破自己，勇敢地为自己和儿子站出来，和伤害自己的关系说"再见"。这并不是一件容易的事。苏女士能如此勇敢，不仅是因为她能正视自己在婚姻关系中受到的伤害，并希望做出改变，还因为她能选择用法律武器来保护自己，比如面对前夫的威胁，她可以借助律师的力量从法律层面回应，避免了日后接触的可能性。

当然，谁都不希望自己在婚姻中遭受家庭暴力，那么我们需要了解一下哪些因素会让家庭暴力更容易发生，而哪些因素会抑制和减少家庭暴力的发生。

之前有研究学者提出，在一些过于刺激的情景下，引发家庭暴力的因素包括以下几个方面：个人因素方面，如果一个人从小直接目睹父母之间的暴力行为、脾气暴躁，认为暴力是合情合理的，那么这个人更有可能在他自己的亲密关系中使用暴力；二人相处方面，如果一个人没有掌握恰当的沟通方法，在表达自己的时候很不顺畅、如果这对伴侣的依恋类型不匹配，那么他们之间也容易发生家庭暴力；外在环境方面，包括近期在工作和学习上的压力，嘈杂、吵闹、闷热等引起人们不适的外在环境，都容易导致家庭暴力。

抑制家庭暴力也可以从以下几个方面入手：文化方面，如倡导男女平等的文化下更不容易发生家庭暴力；个人因素方面，有责任感的人、有自控力的人更不容易发生家庭暴力；关系方面，如果两个人的亲密关系非常融洽并且对自己的伴侣很满意，那么发生家庭暴力的概率也会降低。

以上是从学术角度进行的分析，有个心理学家甚至以此提出一个会发生家庭暴力的模型，他论证道：促进家庭暴力的因素很多、情况很严重，同时抑制家庭暴力的因素很少，也没有那么强烈的话，在一些激烈的冲突或情景下，家庭暴力确实容易发生。我们在选择伴侣的时候，不一定能预知未来将遇到的困难，也不一定足够了解对方，所以当婚姻中有这些可能导致家庭暴力的因素时，我们并不一定会闻风丧胆，直接跑开，我们可以先通过抑制家庭暴力的因素编织安全网。但若家庭暴力已经形成，我们也必须使用法律武器来保护自己。希望每个人都能勇敢地用正确的方式对家庭暴力说"不"。

第15章

青梅竹马

无论曾经多相爱的两个人，结了婚也难免有厌倦的一天，维持婚姻的关键在于怎样把这容易令人厌倦的日子经营好。

恩爱夫妻因琐事反目，律师助女方争得双胞胎抚养权

恋爱虽易，婚姻不易，

且行且珍惜。

一见钟情的浪漫令人感动，"金风玉露一相逢，便胜却人间无数"；青梅竹马的爱情也令人欢喜，"同居长干里，两小无嫌猜"。在日复一日的陪伴中，我们彼此知悉，融为一体。在别人眼中，许思思和沈承就是这样的一对佳偶。

二人都是北京人，又在同一所大学读书。从大一确立恋爱关系起，沈承就买了一辆自行车，带着许思思无忧无虑地穿梭在环

境幽雅的校园里、交织错杂的胡同中。在青春最美的年华遇到了对的人，自习室、校园湖畔、操场上留下了二人满满的爱情回忆。大学时代相识相恋，二人感情一直很好。毕业四年后，历经八年爱情长跑，许思思和沈承领证结婚。许思思的父母在二环边有两套房子，沈承的父母在五环外的郊区也有房产，夫妻俩没有立即购买婚房。

结婚后，考虑到许思思从小生活在市中心，二人就住在许思思父母的房子里，与父母同住。但是，住在一个屋檐下，随着时间的推移，沈承和岳母常因家庭琐事发生争执，每次都是一些鸡毛蒜皮的小事，比如睡懒觉、衣服乱扔、晚上很晚回来、天天点外卖之类的事情。双方性格都比较固执，不肯让步，后来沈承一度对岳母态度冷漠，还经常向人数落岳母的错处，二人的关系一直很紧张。虽想家庭和谐，但沈承和岳母都不肯容忍迁就，许思思夹在中间左右为难，她不想让母亲感到不舒服，也想让丈夫心里好受一些，她多次试图缓和家里的气氛，却均以失败告终。

许思思婚后一直没有怀孕，后经医院诊断，患有原发性不孕症。为了生育，夫妻俩决定采用体外受精——胚胎移植术来辅助生育。历经千辛万苦，许思思于2015年成功受孕，在2016年3月生下龙凤胎沈东东和沈悦悦。两个小宝贝的到来给许思思和沈承的生活带来很多快乐，但沈承和岳母的关系却没有得到缓解，反而变本加厉。岳母责怪沈承天天往外面跑，根本就没有好好照顾思思和孩子们，二人的矛盾最终也影响了夫妻关系。

孩子刚过周岁不久，有一天许思思无意中发现丈夫在微信上和家里的女租客暧昧地聊天，这让她感觉受到了背叛。她拿起手机冲到书房质问沈承，沈承先是矢口否认，吵着吵着就开始抱怨岳母给他造成了多大的压力，翻起了陈年旧账。许思思一听丈夫竟然还敢责怪自己的母亲，也开始毫无理智地跟沈承对骂起来。最后，沈承摔门而去。他后来回来过，但许思思要求其道歉，沈承再次摔门而出。离开后，沈承对妻子和孩子不闻不问。3个月后，许思思找到律所，委托律师代为提起离婚诉讼，底线是保住龙凤胎的抚养权。

据许思思透露，夫妻俩于2015年3月在A区购买了一处房产，购房时向许思思的母亲借款36万余元支付首付款，并使用公积金贷款80万元。起诉时，该房产未办理产权证，夫妻俩已经归还许母18万余元欠款。

许思思第一次来律所咨询时，就坚定地办理了委托手续，似乎带着以此施压、逼迫丈夫回头的心思。李律师了解案件的完整情况后，发现许思思和沈承感情基础很好，又育有一对年幼的龙凤胎宝宝，因此主动当起了调解人，并结合自己的办案经验，建议夫妻俩外出租房居住，以此淡化沈承和岳母的矛盾，好好经营小家庭。沈承表示愿意与许思思外出租房，但许思思提出沈承必须先向许母道歉，她才能重新接受丈夫。沈承坚决不肯，许思思提起离婚诉讼。

在法庭上，沈承非常爽快地同意离婚，许思思对其失望至极。在庭审中，法官明确说即使不满两周岁的孩子，判决时只能是一方拥有一个孩子的抚养权。许思思表示要不惜一切代价保住龙凤胎的抚养权。在与沈承多次协调后，李律师通过抚养费数额的妥协换来了男方在抚养权上的让步，为女方争取到了龙凤胎的抚养权。

在这里，有两个法律问题需要解决：一是双胞胎是否应该全部判归一方抚养；二是两周岁以下的孩子一定会判给女方吗。

双胞胎是否应该全部判归一方抚养？现有的双胞胎研究成果显示，双胞胎子女的成长具有特殊性，彼此依赖程度较高，共同生活比分开生活更有利于双胞胎的身心健康。因此，从满足孩子成长需求的角度来说，双胞胎孩子判归一方抚养是更合适的选择。但是，在一些父母对双胞胎抚养权争议比较大的案件里，法官出于自身职业风险、社会稳定等因素的考虑，一般会将双胞胎分开，由父母双方各养育一个孩子，以尽快定纷争。从我们的办案经验来看，如果父母双方不能就抚养权达成共识，需要法官判决，无一例外是父母一人抚养一个。

两周岁以下的孩子一定会判给女方吗？我们知道，最高人民法院《关于人民法院审理离婚案件处理子女抚养问题的若干具体意见》明确规定"两周岁以下的子女，一般随母方生活"，除外情形包括母亲患有久治不愈的传染病或者其他严重疾病、有抚养条件不尽抚养义务以及其他原因。在本案里，我们的当事人许女士并不存在除外情形，龙凤胎孩子未满两周岁，按照最高人民法院的意见，这两个孩子都应该判给女方。但是，在庭审中，法官明确表示，判决的话只能一人抚养一个。

对法官的表态，许女士及其律师其实有心理预期。为了帮助许思思获得龙凤胎的抚养权，李律师在庭审中及时调整应对策略，积极配合法官组织的调解，通过主动降低抚养费，最终为许思思争取到两个孩子的抚养权。

在庭审过程中，沈承赌气说"不要房子，也不还贷款"，李律师建议他在庭审笔录里明确放弃房产的一切权利，让许思思在离婚后获得房产且无须支付男方折价款。本案经调解结案。龙凤胎沈东东、沈悦悦由许思思抚养，沈承每月支付抚养费 4000 元；离婚后双方自行解决居住问题。

从校园恋人到亲密夫妻，原本幸福的家庭因日常琐事而分崩离析。从前期沟通到离婚诉讼法庭上，男女双方始终在置气，沈承甚至因法庭上一句"不要房子，也不还贷款"的气话，丧失了原本属于他的一半房产权益。在我们看来，这对夫妻因互相赌气、拒绝沟通而丧失的最宝贵的东西，其实是他们原本幸福的婚姻。纳兰性德有诗云："人生若只如初见，何事秋风悲画扇。等闲变却故人心，却道故人心易变。"爱情和婚姻最初的模样是何等美好，以至于我们时过境迁后依然深深怀恋，但是很多原本美好、幸福的婚姻却不得善终、惨淡收场。那些选择离婚的夫妻，他们或是有人撩骚^①出轨，或是有人家暴动粗，但是伤害爱情和婚姻的只是这些世俗意义上的犯错者吗？婚姻最初的样子是美好的，但也很脆弱，需要两个人用心收藏、妥善安放、细心培育，婚姻才能保持美好的模样。

---

① 网络流行词，是指个人通过向异性示好以求获得对方青睐的过程。——编者注

"最陌生"的亲人

　　校园恋人最后走进婚姻的屈指可数，那些走进婚姻的人当时一定非常认同彼此就是可以相伴一生的爱人。如果说满分是 100 分，那么，案例中这对年轻人相当于有了 99 分的开头，基础非常不错。这是其一。

　　其二，虽然结婚那会儿他们是刚毕业的年轻人，但是他们没有同龄人那么大的生活压力。一般来说，刚毕业就结婚的年轻人事业各方面还没有稳定下来，会面临诸多考验。比如，购房还贷款或租房的租金都是每月不小的一笔开销，曾经一个生造词"累觉不爱"①放在这里用来形容众多刚毕业的年轻人疲于奔波而无力去爱，也是十分贴切的。然而本案这对夫妻却完全不受经济因素的困扰，因为他们都是本地人，结婚后接受来自双方父母的支持

---

① 网络流行词，意指觉得自己已经累了，没有力气再爱下去了。——编者注

和帮助，所以其情感基础稳定的同时，经济基础也还不错。

双方父母都有房产，婚后小夫妻住在女方父母位于市中心的房子里，后来夫妻俩在北京郊区自购了房产，虽然也开始还贷款，但是不必像其他同龄人那样辛苦。生活对大部分年轻人的挑战，对这对年轻人来说，已经足够温柔了。万事俱备，只要过好自己的小日子就好了，可是他们偏偏就在这一点上出了问题。

其三，虽然怀孕的过程经过几番周折，但结果是好的，他们得了一对龙凤胎宝宝，儿女双全，令人羡慕。

通过以上梳理能看到，这对夫妻在非常重要的几个方面基础都是不错的——感情基础很好，没有太大的生活压力和困扰，有一双儿女。99分的开头和发展，为什么最后却是一地鸡毛呢？

事实上，这样高开低走的婚姻不在少数，并不是拥有良好的开始以及富足的物质基础，二人就能支撑着把日子好好过下去。对婚姻生活来说，物质基础虽然很重要，但身处其中的人并不能靠着富足的生活化解生活中日复一日累积起来的矛盾和怨恨。

举个例子，就好像喉咙里有一根刺，拔不出来也咽不下去，虽然不会影响正常的工作和生活，但是会影响生活质量和情绪稳定，因为我们每时每刻都能体会到它的存在。人们的注意力很容易被这种异物感吸引，以至于在需要投入精力的重要事件上被分散注意力，而且毕竟需要面对的是另一个人，不是自己想要什么结果对方就一定愿意配合，要想拔掉这根刺，难就难在这里。

既然影响很大，那么具体应该怎样做呢？在家庭生活中，发现问题以后，首先应该判断问题是一次性的还是会重复出现的。对于一次性的问题，尽量积极处理，即便不做处理，影响也不会太大，毕竟忍一次难度不算太大。还有一些家庭矛盾并不是偶发的或一次性的，它会反复出现，甚至每天都会上演很多次。例如，本案中女婿和岳父母同住在一个屋檐下，岳母抱怨女婿作息时间不规律、衣服乱扔、经常外卖点餐、自己不下厨做饭，等等，这些都不是抱怨过就会立马改变的，也不是抱怨得强烈，对方的行为习惯就会发生翻天覆地的变化，毕竟女婿的父母都没能成功改变自己儿子的习惯，更何况没有一点血缘关系的岳母。

岳母和女婿，婆婆和媳妇，都是成年后组合的亲人，也是"最陌生"的亲人，这种关系完全依靠婚姻关系把本来不相识的人黏合为亲人，彼此并没有感情基础，可他们却要用亲人的相处模式来对待彼此，确实容易出问题。这也很容易理解，男孩子心想："我妈都没这样抱怨、指责过我，更何况是没有生我养我的人呢？"这样看来，一定要花大力气去处理这类会长期存在的问题和矛盾，这样才能预防更严重的后果。

本案中的妻子许女士虽然也在很努力地弥合家庭关系，她不想让母亲感到不舒服，也想让丈夫心里好受一些，试图缓和家里的气氛，但她的努力并没有阻止丈夫和母亲矛盾升级及爆发。这种情况也十分常见，假如A打了B一拳，A并没有因此向B道歉，反而想天天再来一拳，结果 B 也开始反击。请问此时如何化解 A 与 B 的矛盾？首先，双方当事人要先认识到自己的错误；其次，双方当事人向彼此道歉并请求对方原谅；最后，双方当事人保证将来不会再犯，要和平共处。这是解决问题的规范操作，可是 A 和 B 都没有认识到自己的问题，依然保持"天天见面，天天争执"的状态，那么请问 C 来弥合二人的关系会有用吗？不是 C 不够努力，而是 C 无论怎样努力，都无法消除 A 与 B 之间的愤怒和怨恨。

结合本案来看，我给存在类似矛盾的家庭以下建议。

第一，对于计划婚后和岳父母或者公婆一起居住的夫妻，一定要充分考虑和长辈长期生活在一起可能出现的问题，只有一腔希望和平相处的热血而没有提前做好充分了解，很容易出现不可控的问题。如果婚后你的爱人会搬过来和你的父母一起居住，那么爱人确实很难充分了解你的父母，但你是了解父母的，你也相对比较理解爱人，因此，你应该自己先做个判断：爱人和父母是否有能力相处融洽？在朝夕相处中，他们能否彼此包容？父母的红线是什么？爱人不可触碰的底线又是什么？这些都需要考虑清楚，将来才能同住一个屋檐下，否则相处不好时小夫妻再搬走也会影响双方的情感关系。所以，有能力相处融洽的人可以和自己的父母或对方的父母一起生活，但如果双方个性都很强，最好还是不要住在一起。如果父母有要求，那么可以考虑在同小区分别居住，这样即便产生矛盾，局面也是可控的，不必朝夕相处。

第二，一旦和对方长辈发生矛盾，最好能够及时化解。首先在态度上给予老人充分的尊重，其次再说具体的事情，耐心沟通。情、理、法是基本顺序——在家里能讲情的不必说大道理；情感讲不通了再讲理；情感和道理都讲不通的，就会升级到用法律手段来解决问题了。到最后这一步，关系也就僵了。

第三，如果爱人和自己父母发生矛盾，一定记得：不是靠委屈自己就能换来家庭安宁，你需要协助双方共同化解矛盾，所谓"哪里有问题就解决哪里"。如果自己也没有这方面的经验，可以寻求专业人士，如家庭治疗师、心理咨询师。

第四，即使家庭关系不好，也不是对婚姻不忠的理由。这么做相当于你和 A 发生了矛盾，可你惩罚 B，这是什么逻辑？这样做不仅伤了无辜的 B，还会误伤孩子，孩子要承受你不成熟的一切后果，这对孩子太不公平了。所以，成年人请勇敢地面对问题，积极处理。逃避本就是很糟糕的应对方式，对婚姻不忠事实上是自己无能且没有责任感的表现，这样做害人害己。

第五，如果婚姻走到尽头，要考虑孩子的抚养权问题。真正为孩子好的方式是站在孩子的角度思考，优先考虑孩子怎样成长更好，而不是优先考虑哪方更需要孩子，更不能把孩子的抚养权问题作为要挟对方或惩罚对方的手段。孩子已经因父母离婚受到了影响，在此期间，请克制自己的情绪，想一想孩子的需要吧。

第16章

完美爱人

婚姻需要爱情之外的另一种纽带，最坚韧的纽带不是孩子，也不是利益和金钱，而是肝胆相照的义气。

男方玩暧昧拒不离婚，律师助女方 50 天离婚并拿到 300 万元补偿

◆ 美满的婚姻不一定是"完美的一对"走到一起，更
有可能是"不完美的一对"学会欣赏彼此的不同。

"我有钱、有身材，追我的人从这里排到了法国，我拿 300 亿
元跟你玩，你当我是空气啊，居然去泡一条鱼！"电影里张雨绮
扮演的角色潇洒地甩了男主一巴掌。"得亏是电影，这要搁现实里，
放着优秀又漂亮的美女不爱，谁会去找平平无奇的女主角呢？"
小惠躺在男朋友张鹏的腿上吐槽着剧情。两个人正窝在沙发里看
电影，张鹏轻轻地抚摸着爱人的秀发，脸上带着笑意，回应道：

"是是是，老婆说的都对，晚饭想吃什么呀？我去做。""我想想，想吃麻辣小龙虾。""不行，你前阵子上火刚刚好，还是喝点粥吧，去去火。""那你问我干吗？"小惠低声嘟囔着，心里却甜滋滋的，只希望两个人永远这样生活下去。

凌晨三点，整个世界都陷入了沉睡，只有墙上的时钟还在不知疲倦地走着。躺在床上的小惠猛地睁开了眼，一个人的房间空荡荡的。这几天她整宿整宿地失眠，闭上眼总是梦见过去和丈夫相处的场景。实在睡不着了，小惠坐起身，来到书桌前，打开电脑，点开自己已经听过数百遍的音频，一阵窸窸窣窣的声音过后，一个陌生的女声响起："今天多亏你帮我，不然我都不知道怎么回家呢。""小事，我们是老同学嘛。""唉，你一会儿要不要去我家坐会儿。"女人咯咯笑着。小惠面无表情地听着丈夫熟悉的声音，仿佛从未听过一样。她从来不知道丈夫对着别的女人也能说出如此俏皮的话，这些充满暧昧的对话像一把利剑刺得她遍体鳞伤，她却固执地播放了一遍又一遍，一个字一个字地把它们敲了出来。白纸黑字厚达两百页，密密麻麻的文字让她感到眩晕。她不明白自己哪里做错了，如此优秀的自己竟然比不上这样一个女人。"放着优秀又漂亮的美女不爱，谁会去找平平无奇的女主角呢？"自己真的成了那个笑话。

小惠家境优越，长相姣好，身材高挑，毕业于国外名校，从小到大都是"别人家的孩子"，被父母宠爱着长大，谁见了都得夸一声"白富美"。后来小惠经人介绍认识了张鹏，他在某知名企业工作，身高一米八，体型微胖，长相虽然一般，但是性格温和老实。初相识时，张鹏就被小惠的优秀吸引，对她关怀备至。在张鹏的热烈追求下，二人很快就坠入了爱河。交往三年后，二人登记结婚，张鹏婚前已在北京购房，婚后双方共同偿还房贷。除此之外，婚前，小惠的母亲还赠与小惠 100 万元作为嫁妆，这笔钱用于婚后共同支出，包括在张鹏房产所在小区购买了一个车位。婚后，双方出资近 15 万元购买了一辆电动汽车，登记在张鹏名下，双方没有生育子女。

本以为自己嫁给了理想的老公，可好景不长，小惠发现，丈夫身上很多地方让她不满意，再和身边好姐妹的老公相比，自己的老公更是普通。"或许他并没有自己想象中那么优秀。"在和丈夫的交流中，小惠不自觉地开始带着一股淡淡的优越感。"你得努力工作，你现在的岗位晋升空间也太小了。"小惠时常向丈夫抱怨："我爸妈那边明天让我们过去吃饭，一堆亲戚在呢，你能不能主动一点。""你能不能多花点时间陪陪我，你怎么变了，结婚前你不是这个样子的。"越来越多的要求让张鹏变得沉默寡言，小惠坚信自己是爱对方的，她只不过希望自己的丈夫能够越来越完美。

渐渐地，小惠发现丈夫逐渐开始冷落自己，每次下班回到家后都耷拉着一张脸，自己兴高采烈地说了一大堆，只换来对方"嗯""我知道了"的回应。吃完饭，丈夫就躲在卧室里打游戏，睡觉前，小惠注意到丈夫的手机频繁地收到短信，可他看过之后就立马删除了。"你看什么呢？让我也看一下。"小惠趁丈夫不注意，拿来了手机，还没等她打开，张鹏就一把夺了回去。"就是工作上的事，跟你没关系。"张鹏不耐烦地说，一边走向洗手间。小惠看着他离去的身影，心底生出抑制不住的恐慌，她越想越不对劲。鬼使神差，小惠想到了查看车里的行车记录仪。她发现，张鹏每天早上和晚上都会到一个地方去接人。她决心调查清楚。在告诉自己的父母后，一天早上，小惠的爸爸带着小惠偷偷跟着张鹏的车，隔着车窗，小惠亲眼看到一个身材不高、体型微胖、衣着简单的女人上了丈夫的车。随着时间的推移，拍到的照片、大段大段的录音、越来越多的证据指向一个事实，那就是自己的丈夫出轨了。

一想到这些，有精神洁癖的小惠忍不住想吐。她出奇愤怒，无论学历、样貌、家境还是工作，小惠认为第三者跟自己都不是一个水平的人，丈夫出轨这样"差劲"的人，让小惠非常愤怒，感觉尊严受到了践踏。

小惠火速搬回了父母家，在父母的陪同下找到律所，明确提出，坚决要求离婚、多分夫妻共同财产，并要求男方支付精神损害赔偿金。因男方户籍地与双方住所在不同区，为避免管辖权异议导致案件拖延，代理律师指导小惠前往小区物业开具了男方的居住证明，从而顺利立案。得知自己被起诉，男方明确表示自己不会出庭，拒绝配合庭审，女方代理律师告诉对方会建议法院将传票送至其单位。男方害怕名声受损，同意前来开庭。

在诉前调解中，男方明确表示坚决不同意离婚。"我跟她什么都没发生，我们就是简单的朋友关系，我根本就没有出轨。"张鹏回应说，并且小惠提交的录音证据不足以证明男方的出轨过错，法官表示不能判决离婚。与异性暧昧不清、婚内精神出轨或者偶尔的婚外性行为固然有错，但不属于法律上的过错。法律规定，重婚、有配偶者与他人同居，这两类行为显然会对有配偶者的家庭造成伤害，因此属于法律上的过错，可以作为婚姻破裂的证据，并成为法定财产分割的依据。在司法实践中，如果男方被认定有婚外情，即使没有被认定为婚姻法上的过错，法院一般也会参照照顾女性权益原则，在财产分配上对其适度倾斜，但这无法构成一次判决离婚的理由。

小惠以录音证据举证，认为张鹏和第三者有婚外情，张鹏坚称双方只是普通朋友。虽然从录音内容看，双方确实有一些暧昧的话语，但是双方更像向对方寻求一些精神慰藉，而没有破坏对方家庭的意思。所以，张鹏的行为并不构成法律上的过错，只属于一般意义上的婚外情。尽管小惠表示自己受到了极大的心理创伤，但是在认定婚外情对家庭的伤害程度时，法院会参照大部分人的标准，个别的经验感受只能作为参考。从司法实践来看，小惠可以适当多分到一些财产，但张鹏的行为无法成为一次判决离婚的理由。所以，法官当场告知小惠本次无法判决离婚。

"不离婚我真的会疯掉！"小惠崩溃地对代理律师说，"张鹏又冷漠又自私，我一分一秒都没办法忍受了。"根据小惠的讲述，张鹏从来不与女方亲人接触，他从小父母离异，爸爸很快再婚了；长大后父亲去世，他与家人也不亲近。小惠坐在心理调解室门前，长期高度精神紧绷让她如同一根快要断的弦，只求能够早日解脱。

于是代理律师带着小惠找到法官，当面陈情其受到的精神伤害。在第二次调解时，小惠及律师提出要一半房产份额的补偿、精神损害赔偿金以及婚后所购车辆。法官看了小惠及其律师的证据以后，同意再去和对方沟通一下。由于张鹏当时在一家有名的企业工作，比较看重声誉和社会影响，所以小惠的代理律师在提交这些证据的同时，也申请了多份调令，要求调查张鹏银行流水、与第三者在多个居所出入的监控录像。法官结合这些证据去与张鹏进行沟通，张鹏感受到一定的心理压力，最后还是同意离婚了。

在财产分割问题上，因为双方结婚时间不长，所以没有多少共同财产。张鹏婚前自己买了一套房子，离婚时小惠能分的部分也就是婚后两个人共同还贷所对应的增值部分，按照《中华人民共和国民法典》规定，该房产应属产权登记方的个人财产，尚未归还的债务为其个人债务。双方婚后共同还贷支付的款项及其增值部分属于夫妻共同财产，应由产权登记一方给予对方一半的折价补偿款。折价补偿款的具体计算公式是这样的：给予另一方补偿数额＝婚后夫妻已共同还贷数额（本金＋利息）÷实际总房款（总房款本金＋已还利息）×离婚时房屋的市场价格×50%。涉案房产购买价格是300万元，首付170万元，贷款130万元，每月还贷约7000元，现值900万元。经过计算，双方婚内共同还贷及其增值部分不到30万元，如果按照一半的比例进行分割，小惠仅可分得15万元。最后，经过各类法庭内外的调解，在短短50天内，律师为女方争取到300万元的房产折价补偿款。

当女方提出300万元的要求时，张鹏竟然一口答应了，这其实出乎我们的意料。我们分析男方的心理状态后认为，张鹏其实也知道那个女孩可能也只是跟他玩一下暧昧，小惠的优秀让他倍感压力，他可能无法从自己的配偶身上找到优越感，或者说一种男人对女人的保护欲，而出轨的女孩对他的崇拜和仰慕大大满足了他的自尊心。他并不想离婚，却没想到自己给妻子带来如此大的伤害，这让他产生了深深的愧疚感，正是这份愧疚感使他一口答应了300万元的要求。本案经调解结案。张鹏与小惠离婚；张鹏支付小惠精神损害赔偿5万元；房产归张鹏所有，支付小惠300万元折价补偿款；张鹏名下车辆归小惠所有。

本案结束以后，我们依然无法忘记女方的愤愤不平。她从小到大都很优秀，一直是"别人家的孩子"，后来嫁给条件不如自己的丈夫，对方却出轨一个方方面面都不如自己的女人。她的愤怒促使我们思考：个人优秀是不是被爱的理由。

当今社会，高学历的优秀女性越来越多，但她们很难找到合适的伴侣，很多高学历的优秀男性更愿意选择学历、能力不如自己的女性作为伴侣。当然，也有一些优秀女性顺利进入了婚姻，但最后没有收获幸福的家庭，这背后的原因究竟是什么？

优秀女性难以收获幸福家庭的原因当然有很多，从整体上看可能有社会环境、社会观念等个体难以改变的原因。不可否认，本案男方的所作所为确实有过错，但优秀女性身上挥之不去的优越感可能也是使婚姻走向破裂的重要原因，而这恰恰也是女性可以努力完善和弥补的部分。我认为，自身条件优秀肯定是女性在择偶时的优势，但是如果想要被爱，想要收获幸福的婚姻、家庭，让丈夫或者家庭在物质上、情感上受益于女性的优秀，这可能更加重要。如果你的优秀只是让你时时在恋人、丈夫或家庭中保持优越感，这至少无法令他们的情感受益，久而久之，双方的感情会慢慢变淡，甚至导致离婚。

所谓"下嫁"是个伪命题

"嫁或娶了比自己条件差很多的人"大多是伪命题。因为从伴侣价值来看，只要不是被迫，两个人是自愿结婚，伴侣价值应该差距不大，正所谓势均力敌。因为伴侣价值是非常复杂的综合考量，不仅仅是肉眼可见的外形条件，例如外貌、身材，也不仅仅是那些附加价值，如家境。性格和人品也占了很大的比重，还有对待爱人的忠诚度、家庭责任感、对子女养育愿意投入的成本以及爱的能力等，这些隐形的评价因素与那些肉眼可见的条件综合起来，共同构成一个人的伴侣价值。

换句话说，本案中女方所谓的"下嫁"，不过是那些肉眼可见的条件优于男方，但综合来看，两个人整体的伴侣价值相差无几，自己的某些方面优于对方，而对方的其他条件优于自己。结合本案，女方的条件是"家境优越，长相姣好，身材高挑，毕业于国外名校，从小到大都是'别人家的孩子'，被父母宠爱着长大，谁见了都得夸一声'白富美'"，再来看男方的条件，"在某知名企业工作，身高一米八，性格温和老实"。只能说两个人条件都很不错，按照满分 10 分计算，只能说双方是 8 分和 7.5 分的差距。"下嫁"并不适合用来形容这种微小的差距。

很显然，本案中的女方和男方条件都不错，其中女方的伴侣价值略高。如果只看身份、地位这个评价标准，那么童话中的王子确实优于灰姑娘，按照满分 10 分来看，可以粗略认为他们是 9 分和 2 分的差距。可是，王子又不傻，灰姑娘只是身份、地位与自己悬殊，但她颜值高，气质佳（一出场就让几乎所有人误认为她是哪个国家的公主，所以其言谈举止一定很得体大方）；另外，灰姑娘人缘好，有那么多小动物帮她，所以她一定是个善良的姑娘。综合这些因素来看，王子和灰姑娘就不再是 9 分和 2 分，几乎可以认为是 9 分和 8 分。也就是说，除了出身和地位，其他条件综合起来，王子和灰姑娘是势均力敌的伴侣组合。

所以，请那些认为自己下嫁给了丈夫的女性，一定要冷静，切勿盲目自信。错误比较是夫妻之间产生大量矛盾的原因之一，也是一个重要的家庭不稳定因素。相当于拿一个水蜜桃和一袋大米比较，比什么呢？比赛谁更甜美多汁？那岂不是欺负人。如果一个人手里的钱只够买一样食物，那么他肯定选大米，因为大米能饱腹，而水蜜桃即便甜美多汁，也只是解决温饱问题以后才会考虑的锦上添花的选择，不是必需品。就好像丈夫和妻子比赛谁的力气更大，妻子和丈夫比较谁更温柔，结果显而易见。

夫妻关系一旦出现问题，就不适合使用转折句式了，例如"我都下嫁给你了，为何你还会如此待我"，而应该改为因果句式，例如"正因为我的优越感，让我不够尊重对方，不在乎对方的情绪变化，所以婚姻才会出现问题"。当然，我们并不是为对婚姻不忠诚的行为开脱、找借口，而是希望协助大家找对问题的原因，从而更好地避免不好的结果。埋怨对方是再简单不过的做法了，你可以把对方说得一无是处，可是这并不能减少你的损失，只能解一时之气，更无法让你在未来的情感关系中找对相处之道。真正能够止损的做法是，停止抱怨，从固化的思维中跳出来看问题，再客观地看待婚姻中出现的问题，找对原因，及时止损。

同时，作为看似地位偏弱的男方，也要积极主动地与妻子沟通，让妻子更多地看到自己经济能力之外的价值，而不是到外面找个能补上妻子未满足自己需求的部分的人，去寻求温暖、温柔、认可和被依赖的感觉。一个巴掌拍不响，夫妻感情需要双方努力去经营，无论哪一方出轨，都会对婚姻关系造成致命打击。

第17章

如果我爱你

　　世间夫妻那么多，
不是每一对都恩恩爱爱。
大多数人的婚姻就是伙
伴关系，彼此是人生最
重要的战友，有共同战
胜困难的深厚情感。

强调以结婚为目的购房，律师助女方分得权益

> ✦ 结婚不是互相凝视对方的眼睛，
> 而是凝视共同的目标，共同前进。 ✦

"淼淼姐，下班啦，我先走了。"隔壁桌的实习生小张元气满满的声音响起，让人不禁感叹还是年轻好。旁边伏案工作的年长女士转过头，她一头短发，显得干脆利落，脸上是精致的妆容，工作一天的她看起来仍然干劲十足。旁边不时有人和她打招呼，可以看出她在公司的好人缘。她叫李淼淼，目前在北京某企业做高管，工作能力强，正处于事业上升期的她每天都加班到很晚才

回家。

时针慢悠悠地指向了 8，办公室里人越来越少。李淼淼伸了个懒腰，收拾东西准备回家。临近家门，原本愉悦的心情慢慢地低落了起来。"滴"一声，门打开了，淼淼环视一周，果然还是熟悉的冷寂。她平时工作比较忙，6 岁的儿子经常被送去父母家住，至于自己的丈夫，李淼淼忍不住长叹了一口气。

自己和丈夫吴伟是经人介绍认识的。初次见面时，吴伟显得格外腼腆内向，他话很少，但能够细心地注意到李淼淼的需求，让人倍感贴心。淼淼心想，自己本来就是个活泼外向的人，有一个腼腆内向的老公还是挺互补的，于是二人开始相处。结婚前，李淼淼和吴伟就同居了，双方于 2009 年年底举办婚礼，2010 年 6 月生育了一子吴亮亮，但因为种种原因，二人直到 2010 年 7 月才领取结婚证。

最初二人的生活过得还算甜蜜，吴伟也在北京某公司做高管，平时孩子由李淼淼的父母照顾，夫妻二人专心工作，下班后接孩子回家一起吃饭，周末时不时出去玩，虽然日子过得平淡，但也让人满足。几年过去了，李淼淼因为较强的工作能力和上进心，受到领导的器重，事业上红红火火，而吴伟的工作却日复一日，不见起色。偏偏他是个"闷葫芦"，看着妻子的薪资一日比一日高，加上日常各种小事的摩擦，自卑、压抑的情绪像个气球一样一点一点膨胀，最终因某件事爆炸。

一天下班回家，李淼淼跟丈夫谈到孩子上学的问题，说："你们单位不是有这方面的政策吗，能让孩子来北京读书？我们俩都在北京工作，这样很方便，北京这边教育资源也丰富。"吴伟听完，阴阳怪气地说道："你不是本事大吗，还需要我？我看孩子在老家读书也挺好的。"李淼淼很是气愤，她不解地说："你什么意思啊？那也是你的孩子啊！"吴伟一言不发，转身离开。

接下来的日子，吴伟好像破罐破摔，开始对李淼淼实行冷暴力，往日的腼腆内向都变成了阴晴不定。无视她，不理会她的言语，仿佛家里没有李淼淼这个人；自己不开心，也会想方设法让李淼淼不开心。"你不是能耐吗，你不是比我强吗，这个家里还有我，我还是你的丈夫。"吴伟带着几分恶意这样想。这样的生活让李淼淼倍感压抑。后来因公司裁员，吴伟于 2014 年 11 月离职，一时没有工作，在家无所事事的吴伟开始变本加厉地折腾李淼淼，李淼淼无奈地选择了分居。2016 年 3 月，吴伟起诉离婚，未获法院支持。2016 年 10 月，李淼淼向法院起诉离婚，要求获得吴亮亮的抚养权，分割男方婚前在燕郊镇①购置的一套房产、婚后在北京购置的一套房产。

据查，2010 年 4 月，吴伟与燕郊镇某房地产公司签署了商品

----

① 河北省廊坊市三河市燕郊镇，因西濒潮白河，隔河与北京市通州区相望，不少在北京工作的工薪族在此区域购房或租房。——编者注

房买卖合同，全款购买燕郊镇某处房产，购房款由李淼淼提供 7.5 万元，吴伟提供 34.5 万元，该房于 2010 年 6 月取得房产证，仅登记在吴伟名下。吴伟认为燕郊镇的房产系其婚前个人财产。双方认可燕郊镇的房产含装修、家具等现值为 80 万元。

吴伟自 2004 年 8 月入职某科技公司，后因该单位裁员，于 2014 年 11 月离职，单位给予经济补偿金、工资奖金补贴等费用合计 53 万余元。2014 年 11 月，吴伟与案外人费女士签署房屋买卖合同，首付款 130.5 万元，贷款 72 万元，购置北京某处房产。该房产首付款中的 50 万元系吴伟原单位裁员给予的经济补偿金，吴伟一直负责偿还房屋贷款，认为自己应多分。双方认可北京房产含装修、家具等现值为 300 万元，目前尚有 60 余万元贷款尚未偿清。

在与李淼淼的初次沟通中，代理律师了解到在李淼淼与吴伟分居期间，儿子吴亮亮随李淼淼生活，吴伟及其父母经常带人前往李淼淼单位、住处进行骚扰、辱骂，逼迫李淼淼在财产、子女抚养等问题上做出让步，严重影响了儿子的健康成长。无奈之下，李淼淼只得带着孩子暂避老家，不想面对无法进行正常沟通的男方家庭。

对李淼淼来说，离婚拖得越久，遭受的精神伤害就越大，越不利于孩子的成长。律师建议李淼淼如果希望早日解决纠纷，可以考虑主动提出离婚诉讼。李淼淼慎重考虑后，决定委托律师启动离婚诉讼。办案团队详细梳理了案情和证据后，确定了以离婚意愿为突破口的诉讼策略，只为尽可能多地为李淼淼母子争取财产。

庭审当天，吴伟戴着一顶帽子，面色阴沉地坐在被告席上，全身上下透露着一股生人勿近的气质，对我们的话置若罔闻。他话不多，偶尔几句尽显威胁之意。他放话，如果结果令他不太满意，他可能会有一些冲动的举动。更令我们吃惊的是，吴伟还提交了大量关于自己患有抑郁症的说明，希望法官综合考虑这些情况。

在庭审中，双方争议的焦点是两套房产的归属及权益问题。女方提出燕郊镇的房产和北京的房产均为夫妻共同财产，理由如下。

第一，燕郊镇的房产应为夫妻共同财产。吴伟与李淼淼于2009年年底举办婚礼；2010年6月全款购买燕郊镇的房产，当月二人的孩子诞生；2010年7月，双方领取结婚证。虽然燕郊镇的房产登记在吴伟名下，且购买于结婚登记前，但是当时双方已举办婚礼，李淼淼临盆在即，亦对购房有实际出资，该房产应视为夫妻共同财产。法院最终支持了女方的意见，将燕郊镇的房产认定为夫妻共同财产。

第二，北京的房产应为夫妻共同财产。北京的房产首付款中有50万元系男方吴伟的经济补偿金，因经济补偿金是按照工作年限计算的，吴伟与李淼淼婚姻存续期间对应的经济补偿全应为夫妻共同财产，即 2010 年 7 月至 2014 年 11 月对应的经济补偿金应为夫妻共同财产。法院最终采纳了女方代理律师的意见，北京的房产认定为夫妻共同财产，但考虑到男方运用部分婚前个人财产支付首付款，且一直负责偿还贷款，便将北京的房产判给了男方，但男方需给女方 90 万元折价款，并且负责偿还贷款。

为了不刺激男方，女方及其代理律师在和他交流时，避免做一些明显会激怒他的事情，希望用一种较为柔和且能够维护当事人权利的方式帮助双方解决问题。一审宣判结束后，在二审调解期间，女方代理律师与男方多次沟通，讲法律，告知男方变更抚养权难度很大；同时讲感情，愿意在探视权方面为他争取保障。通过法理结合的方式，女方及其代理律师最终让吴伟从心理上接受了这个结果。

最终本案经调解结案。双方离婚；孩子归李淼淼抚养，吴伟每月支付 3000 元抚养费；燕郊镇和北京的房产均归吴伟所有，吴伟支付李淼淼折价款共计 105 万元。

案件虽然结束了，却引发了我们对于夫妻关系的思考。所谓相爱，指一方并不会因为对方的优秀而心生嫉妒，会为他的欢而欢，为他的苦而苦，会期待共同努力，顶峰相见。正如舒婷在诗中所说："作为树的形象和你站在一起。根，紧握在地下；叶，相触在云里。每一阵风过，我们都互相致意。"

爱人是友不是敌

这对夫妻的案例属于很典型的因婚姻内部盲目比较而产生自卑和负面情绪，最后导致婚姻解体的实例。丈夫和自己的妻子比较，也可以被认为是攀比。攀比的意思是，不顾自己的具体情况和条件，盲目与高标准或高水平的人相比，多指不顾客观条件的行为。

常见的攀比内容有金钱、事业、情感、家庭，还有容貌、身材，以上这些多是拿自己有的东西和别人比较，还有人会拿别人和别人比。这就奇怪了，怎么用别人和别人比呢？比得着吗？和自己有什么关系？这种情况其实很常见，爱攀比的人不仅会经常拿自己和别人比，还会拿自己的家人和其他人比，例如拿自己的丈夫和别人的丈夫对比，拿自家的孩子和人家的孩子对比。

一提及情感上的攀比，我们经常会想到有人只能看到别人的幸福、满眼都是别人的伴侣如何优秀，却忘记了陪在自己身边的人的好。在情感上攀比，确实让人很难幸福。可是，还有比这更糟的情况——不是拿自己的伴侣和别人的伴侣比，而是拿婚姻内部的双方来比，就是自己和自己的爱人互相比较。就像本案中的吴先生，看到妻子李女士无论事业发展还是薪金水平都在稳步提升，而自己的事业却没有起色，从攻击自己产生强烈的自卑感，到后来言语攻击妻子李女士，与之发生冲突，甚至迁移到孩子，在孩子上学问题上也不愿意努力提供支持。这就伤及无辜了，实在不该发生。

按常理来看，夫妻是一体的，一荣俱荣，一损俱损。就像一家公司，有人做后勤服务工作，有人做销售工作，看起来确实是销售卖出了产品、为公司带来了效益，但若是没有后勤人员及各部门的通力配合，销售人员是无法完成销售任务的。本案中的吴先生和李女士都是职场精英，刚结婚时，吴先生已经是公司高管了，起点很高，李女士稳步前进，进步很快，这应该是值得开心的事。每一位家庭成员发展得越好，家庭总收入越高，日子过得越红火。可是，一旦公司出现内斗，内耗过大，公司发展一定会受到影响。同理，夫妻中一方因为对方发展更好、薪金提高而不悦，这就会成为家庭的不稳定因素，夫妻关系并不会因为停止职业发展就能得到改善。这就会演变成两难问题。有很多正在面对类似情况的人，进也不是，退也不成，努力工作被爱人针对，不努力工作又无法养家，到最后找不到解决方法，很有可能使婚姻走向解体。正所谓皮之不存，毛将焉附。

可是，真的是因为爱人比自己更优秀、进步更快，心生嫉妒才会出现婚姻危机吗？如果真是这样，那得是一个心胸多么狭窄的人，才会嫉妒自己的爱人，自己不如人就带着恶意攻击、折腾对方？本案中的男士似乎就有这样的心态。持有这种心态的人，不够自信，因此才会把另一半想象成"亲密敌人"。他也没有将夫妻看成命运和利益共同体，与之同甘苦、共进退。这样的心态不可取，如果不及时调整，久而久之，就会心态失衡，把最亲近的人当成敌人，双方自然而然就越来越疏远，到最后可能发展成真正的敌人，导致情感破裂。反之，如果看到对方的进步，也能将其视作自己前进的动力，那么双方的关系会越来越好。内耗减少了，双方为了共同的目标一起奋斗，家庭的整体实力也会越来越强。

事物具有两面性，跳出本案例，我们也需要考虑另一种情况。事业发展得比伴侣更快、更好的一方，在家庭生活中可能会不自觉地呈现一些优越感，若爱人是一个敏感多虑的人，这些细微变化都会戳中对方，让其产生自卑感。更有甚者，他们可能认为自己挣得多于爱人、自己对家庭的贡献更大，在不经意间，他们平时的态度会有一些颐指气使，同时也会忽视对方为家庭的付出。这种"主动"攻击式的优越感，也会导致夫妻感情恶化乃至婚姻破裂。婚姻中，除了为家庭提供经济支持，很多服务性的付出同样是有价值的。在夫妻关系中，平等、尊重是根基和基础，无论经济上处于"强势"还是"弱势"，都应当放平心态，看见彼此多方位的价值和为家庭的付出，同时尊重对方，这样，婚姻关系方能持久。

聪明的伴侣需要在提高自己职业能力的同时，提高维系亲密关系的能力。只有家庭关系稳定，自己才能在职场上产出更多价值。同时，自己的职位提升、薪资待遇提高，不会让伴侣产生压迫感的最好方式就是和爱人一起享受胜利的果实，承认对方的辛苦付出，不对其提出不合理要求，更不能嘲讽对方的薪资不高，否则，对方因没有分享到胜利的果实，会将你的优秀转变为对你的愤怒和怨恨。

化敌为友是大智慧，化友为敌就得不偿失了。下面列举一些日常生活中经常使用的句式，如果你经常对爱人说超过 6 种，就需要提高警惕，因为你的优秀非常有可能伤害对方。

- 你去把 ××× 事做了。
- 我在公司那么辛苦，真希望可以像你一样在家休息。
- 看看 ×× 的老公 / 老婆，再看看你！
- 我辛苦工作一天了，你在家应该做好饭。难道还要我回家给你做饭吗？
- 家里太乱了，你整天在家都干吗？

- 都是你不争气、不努力，我才会这么辛苦。

- 我赚钱更多，我说了算。

- 这点小事都做不好，还能做好什么？难怪你在职场混成这样。

- 你父母就是这样的人，所以你才这样。

- 孩子以后千万别像你这样。

我建议把"你应该……"改为"亲爱的，你辛苦了"，把"看别人"换成"你做得已经很好了"；当你想抱怨的时候，一定要先寻找对方做得还不错的地方，可以告诉对方"亲爱的，幸亏有你"。

把抱怨换成肯定对方的温暖言语；少一些气势汹汹的责备，多一些将心比心；少一些强势霸道的命令，多一些温柔体贴的认可。这样，婚姻关系一定不会太差。婚姻从来就不是爱情的坟墓，那些不肯和对方好好讲话的人，才是失败婚姻的掘墓人。

第18章

亲情不是交易

婚姻里，不仅要有
亮剑的勇气，还要深谙
为人处世之道。

女方用孩子威胁分家产，律师双管齐下
助男方保住全部房产

幸福的童年治愈一生，

不幸的童年需要一生去治愈。

"你能不能争点气，从小到大一直这么没用！"装修华丽的客厅里，一位年长的男子端坐在沙发上，气势汹汹地朝着对面的年轻男子开火。被骂的人像是早就习惯了，安安静静地站在那里。他身材瘦削，微微驼着背，低着头，让人看不清脸上的神色。"我给你安排了相亲对象。既然什么都干不好，结婚总能做到吧！"说罢，他恨铁不成钢地叹了一口气，起身离开了。一旁的妇人看

见丈夫离开，连忙来到儿子身边。她性子柔弱，也不敢打断丈夫说话，只能趁现在柔声安慰儿子几句："你爸也不是故意朝你发火，他都是为了你好。""行，妈，我知道了，不早了，您也快去休息吧。"年轻男子试图笑笑，却没成功。

这个男人名叫万峰，今年26岁。从小到大，他不知道听了多少遍"都是为了你好"，可是自己已经很努力了。父亲从小成绩优异，毕业后创业，事业顺顺利利，攒下了偌大的家产。万峰也知道，自己作为独生子，父亲对他寄予厚望，可这些期待就像一根根绳索，编织成了一张大网，套住了他。随着年龄的增长，这张网越收越紧，勒得他喘不过气来。没有骄人的成绩，没有出色的品性，一路走来，万峰上着普普通通的学校，找了一份普普通通的工作，每天按时上下班，周末就窝在家里打打游戏。"就这样吧！"他想，也许这辈子自己都不会让父亲满意了。

见到赵月莉的那一瞬间，他就明白为什么父亲中意这个女人做儿媳了，因为他们都是一样的人：虽然出身贫寒，但是性格张扬自信，吃苦能干，做事干脆利落，说话也极有分寸。按照父亲的意愿，万峰开始和赵月莉频繁地约会。2010年6月20日，万峰与赵月莉奉子成婚，在北京市登记结婚。2010年12月，赵月莉产下一子，取名万宇东。

妻子太过优秀、强势，这让生性自卑、怯懦的万峰备感不适，就像一团热烈的火遇上一捧清水，烧得万峰无处可逃。他好歹也是个男人，被妻子说多了也会回击两声。2012 年 6 月，万峰与赵月莉再度因琐事发生口角，赵月莉搬离万家房屋，在外单独租房居住，并将儿子送回了贵州老家。这让万峰无比愤怒。

赵月莉在外工作，儿子经常由万峰照顾，他看着儿子从小小的一团长成一个小男子汉，心中充满对儿子的爱，加上父母那边催得紧，他赶紧联系赵月莉，软硬兼施，好话说了一箩筐。赵月莉考虑到儿子马上要入学了，于是在两个月后带孩子回北京读幼儿园，并搬回万家房屋居住，但夫妻关系并未好转。万峰心中始终存了一道坎过不去，他觉得夫妻不管怎么吵架，都不能影响到孩子。

2014 年 8 月，万父为万峰购买了两处商用房产，其中大房产面积为 140 平方米，首付 205 万元，贷款 204 万元；小房产面积为 87 平方米，首付 134 万元，贷款 133 万元。万父支付两套房产的首付款 300 余万元，其他税费 40 万元，房产均登记在万峰名下，房贷由万父或其指定的人汇款至万峰的银行账户，从其账户自动还款。该两处房产的物业费、供暖费等均由万父支付，两套房产目前均已出租，出租人为万峰，租金收入用于支付万父公司的业务支出。

丈夫名下的两套房产与自己没有丝毫关系，这让赵月莉有些不开心。2016 年 7 月，万峰与赵月莉及其父母再次发生争执，赵月莉再次搬出万家，并提出离婚，要求万峰给予金钱补偿。后面发生的一件事更是激化了矛盾。2016 年 11 月，万父出资购买了某知名小学学区房，并为万宇东办理了入学申请，该房屋登记在万父名下。2017 年 1 月，赵月莉将儿子送回贵州。万家要求赵月莉将万宇东送回北京入学，赵月莉要求在两套房产上加自己的名字或者获得现金补偿。万家认为赵月莉要求过高，双方僵持不下。万峰在儿子小学开学前起诉离婚，并要求获得孩子抚养权。赵月莉遂送万宇东入读贵州的小学。此时，万峰是一名普通的公司职员，每月工资收入 2000 元。

　　眼看着大孙子不知道要被送到离自己多远的地方，万家老两口再也坐不住了。万峰来律所咨询时，由其父母陪同。据万父讲述，儿媳妇赵月莉因两套房产未加自己的名字而恼羞成怒，偷偷将孩子带回贵州，并在万家为孩子购买了某知名小学的学区房后，要挟万家在房产上加名或者给予巨额财产补偿，否则不送孩子回北京上学。对于赵月莉不惜牺牲孩子的未来以换取钱财的行为，万家感到十分气愤，决心不让其得逞。万峰在一旁坐着，话很少，眼圈红红的，憔悴无神，他很想争取孩子的抚养权，但认为自己在抚养权争取条件上处于劣势，觉得自己无论学历、收入、健康状态都不如女方。

　　接受委托后，代理律师告知风险，然后明确了"万父借名买房"和"万父对儿子的个人赠与"两个代理思路，开始启动诉讼。律师团队在朝阳区某法庭起诉后，女方提出了管辖权异议，认为该案应该由海淀区法院管辖。男方代理律师提交了朝阳区某居委会的证明，女方却拿出了其在海淀区的租房合同。无奈的是，法官可能出于一种对"弱者"保护的朴素公平，将管辖权移到了海淀区。对方争取到了时间，万峰和父亲都有点受挫和慌张。代理律师很能体会他们的心情，但对律师来说，这些都很正常，代理律师劝导万峰与父亲正确看待此事，移到海淀区未必是件坏事。

女方在管辖权异议期间，把孩子转到了贵州某县城的小学，并办理了入学手续。万峰无法在北京学区房所在地的学校为孩子办理入学，名额只能做保留一年的申请。万峰特别担心失去孩子的抚养权，代理律师告诉他，法官比较看重的是两周岁以上、六周岁以下的孩子由谁实际抚养的问题，孩子最近由女方实际抚养，虽然法院判定女方抚养权的可能性极大，但是男方也不要放弃，应极力争取。律师收集了女方阻碍亲情的证据，比如孩子怎样被带去机场、男方接孩子出现困难、女方隐匿孩子的住处、孩子不在姥姥家，还包括男方要求与孩子视频聊天，女方推三阻四；就算男方视频见到了孩子，孩子一旦被问及现在在哪里，视频就被立即关掉。

在办案过程中，律师团队查找了婚后父母出资购房的相关法律法规、规章制度、各项规范性文件，分析了多个案例。一般来说，这类房产属于父母对夫妻双方的赠与。《最高人民法院关于适用〈中华人民共和国婚姻法〉若干问题的解释（三）》第七条规定，婚后由一方父母出资为子女购买的不动产，产权登记在出资人子女名下的，应认定为父母对自己子女一方的赠与，对一方父母出全资购房的认定没有争议，但司法实践中对于婚后一方父母分期付款，仅支付了部分房款，登记在自己子女名下的房产是否属于夫妻共同财产存在争议。这种不确定性会给当事人带来非常大的压力。本案争议的焦点是男方父亲的出资款是否为全款。我们建议一次性偿还房贷，这样操作起来很有风险，会给当事人带来更大的损失吗？是否更多财产会被认定为夫妻共同财产，导致判给对方更多财产？本案走向应该是借名买房，那么男方的父亲出全资是早晚的事情，现在只是提前一步支付剩余贷款，律师团队在疑难案件例会上讨论了本案，认为必须尽快还清房贷。在开庭之前，当事人听取建议积极采取了措施，向法官提供了男方最为有利的补充。

对于取证，由于万父公司的性质，律师调取到万父的银行流水以及公证认证，工作有条不紊地进行着。本案开庭时，律师举证首付款、全部贷款均来自万父。

在支付首付款时，万父曾通过赵月莉母亲的账户中转过两笔款项，而且这两笔款项来自万父境外的账户。因万父经营的业务有来自世界各地的外汇收入，万父曾通过赵月莉母亲的某银行账户转过10万美元（约合人民币62万元）。万父当庭拿出该银行卡，表示银行卡实际由自己掌握，他将赵月莉母亲的银行账户中转来的 33 万元用于支付首付，取出剩余的 29 万元用于其他开销。赵月莉一方主张 33 万元系自己母亲出资，男方代理律师调取了万父境外银行账户的流水并进行了翻译及公证，举证了首付款均来自万父，赵月莉母亲没有出资。

在偿还房屋贷款时，其中有几笔款项比较特殊。万父通过自己的银行账户或者实际操作的他人银行账户将月供汇入万峰的还款账户，其中 2014 年 1—2 月有两笔共计 7.4 万元的款项来自赵月莉母亲的账户。当时，万父将自有的 30 万元存款转入赵月莉母亲的账户，其中 7.4 万元用于偿还两期房贷，剩余钱款用于万宇东的日常开销。由于赵母是案外人，男方代理律师无法调取其银行流水记录，因此向法院申请赵母出庭说明出资来源。赵母的陈述恰恰表明出资实际来自万父。母女联合在法庭上演起了戏。万父曾给赵母支付 30 万元，万父提现并将其交给赵母，让其开设账户作为房屋出资款；赵母却说这笔钱是万父赠与女方父母带孩子的酬劳，属于女方父母的钱，认为那 7.4 万元属于女方父母出的房贷。法庭上，万家父子怒火中烧，万父指着对方准备开骂，代理律师及时制止并反驳道，这反而证明对方承认这笔出资来自男方父亲的账户，女方说这笔钱是万父给女方父母的酬劳，却拿不出证据，局势已然反转。

男方代理律师还提供万父已还清剩余房贷的所有证据，从法律法规和当事人的意愿出发，向法官主张该两套房产为万父对万峰个人的赠与。从立法背景及我国的实际情况出发，这些材料充分论证了一方父母全资支付房款并不要求一次性付清，即使是分期支付，只要全部出资来自一方父母，均应认定房产系其对自己子女个人的赠与，而不是对夫妻双方的赠与。男方代理律师从借名买房和赠与一方两个角度进行阐述，认为赵月莉无权享有两套房的权益。事实证明，是万峰父母借万峰的名义持有、经营、管理这两套房。但是，借名买房的代理意见缺乏明确的法律依据，因此，男方代理律师同时准备了"房产系万父赠与万峰个人"的代理意见，并指导万父提前偿还两套房产的剩余贷款，举证首付款及所有还贷均由万父完成，在法律依据和证据上都无懈可击。

男方代理律师举证房屋一直由万父实际经营、管理，租金收入不属于夫妻共同财产。如果法院最终认定两套房屋是万峰的个人财产，因租金收入为经营性收益，为防止租金被认定为夫妻共同财产，男方代理律师举证装修费用、物业费、水电费等支出均由万父支付，两套房产的实际经营管理者均为万父，万峰仅出名签署租赁协议，收取部分租金；同时男方代理律师举证租金收入实际已用于万父公司业务支出，不应视为万峰夫妻共同财产，哪怕是一张几十元的水电费支付凭证，都来自男方父亲的银行账户。除此之外，在孩子抚养权方面，男方代理律师也举出多项证据，证明男方适合抚养孩子，女方提供的环境不利于孩子成长。

在万家父子焦急的等待中，最终判决下来了：万峰和赵月莉离婚；万宇东归赵月莉抚养，万峰每月支付 600 元抚养费；万峰名下的两套房及其租金收入均不属于夫妻共同财产。至此，女方争夺财产的希望落空，孩子抚养费也很低。判决送达双方，女方并未上诉。

幸福的童年治愈一生，不幸的童年需要一生去治愈。原生家庭对一个人的影响毋庸置疑，再多的财富也许都不能给孩子幸福，给孩子的陪伴也许会让他获得自信与爱。当事人年幼时，父母经商，无暇顾及；在青少年时期，父母望子成龙，又可能过于严厉，这样的亲子关系无疑会给当事人的婚姻关系和人生产生影响。再说当事人的孩子，赵女士竟然认为孩子的抚养权是可以交换的——交换房产加名或折价款；为了诉讼，赵女士轻易改变孩子的生活、教育环境，辗转各地隐藏孩子，不惜将孩子视为物品，将其占为己有，阻断亲情……长此以往，将给孩子留下什么样的心理阴影？

为了执行探望权，赵月莉最终将孩子送回北京，父子俩总算见了一面。孩子是夫妻俩一辈子的纽带，即便是离婚的夫妻，在经济上也能互相支持，放下对彼此的成见，和谐地沟通、处理双方的关系，孩子才能健康成长，原生家庭给孩子带来的不利影响才能减少。万峰与赵月莉恢复了沟通，这让同为人母的律师备感欣慰。

爱不在了，亲子关系还在

　　相信多数人看了这个案例都会觉得孩子妈妈做得不对，很多人可能会认为孩子太亏了，放着这么好的教育资源却无法享受。你可能会想这个妈妈是不是太过分了？为了争夺房产和财产，牺牲孩子优质的教育资源，这位妈妈怎么能做出如此举动？我们先暂时放下这些疑惑，从心理学的角度来看几个关键点。

　　首先，万峰的原生家庭被强势的父亲控制，自己的家庭里又有一个事业、能力、性格都更强势的妻子，可以说人生的控制权完全不在自己手中。如果万峰获得孩子的抚养权，孩子更容易从父亲身上习得缺乏主见、怯懦、自卑这样的缺点。从这个角度来讲，万峰取得孩子的抚养权，对孩子的心理健康成长未必是件好事。而且在北京这样的一线城市，父亲月收入只有 2000 元，职业发展一般，在孩子的同学圈子里，孩子也可能因为自己的父亲与其他孩子的家长差距太大，更加重自卑心理，这些对孩子的心理健康成长是不利的。

其次，万峰更像一个"爸宝男"，作为一个成年人，大事小事都要他的父亲出马，幕后指挥。相比万峰，赵月莉更加积极主动地争取抚养权和财产权，一定程度上表明她是个更独立、为自己的行为负责的人。但赵月莉不可取的是，以牺牲孩子"看似"更好的上学条件为代价，企图"交换"更多的财产利益。要知道，亲情并不是一场交易，不能用金钱来换取亲情。

从法律的角度看，律师团队为万家保留了更多的财产，万家是法律上和财产上的"赢家"。但从亲情和心理的角度看，万家失去了孩子的抚养权。试想一下，如果当初万家可以适度给予孩子妈妈一些财产的让步，或许女方会放弃抚养权。这样来看，男方在一定程度上也更在意财产，不舍得为亲情让渡一些财产利益。毕竟在家事案件中不是只有法理，还有情理和亲情。

我们回到前面那个问题，妈妈这么做是不是太过分了、太自私了？为了钱牺牲孩子的教育？但这都是基于大部分人的价值观得到的结果，并不代表大部分人的价值观在这个个案中一定是对孩子最有利的。心理门诊也遇到过类似的家庭治疗案例，离婚后女方放弃了孩子享受优质教育资源的机会，让孩子跟随自己回老家上学。她并不是要故意为难前夫一家，也不是故意对孩子不好，而是考虑孩子成长过程中的综合因素——不仅考虑学校的教育资源，还考虑孩子是否有妈妈的陪伴，基于多方面的因素考虑，多方咨询专业人士和很多有经验的家长后，这位女士才做出带孩子回老家的决定。她的出发点并不是表面上看到的放着好学校不让孩子上，而是认为妈妈的陪伴及和大自然的接触对于孩子一样重要，最后才选择让孩子回老家读书。联想到本案中的孩子妈妈，孩子妈妈这样做的真实原因，我们并不知晓。只是根据男方及男方家人的一家之言，我们很难判断女方拒绝让孩子在北京读书的真正用意。究竟是故意为难男方，还是利用孩子索取房产或分得财产，抑或单纯认为回老家对孩子的成长不比在北京差，反而还有优势。这些我们不得而知，只有当事人知道答案。

我想表达的是，很多问题，在我们不清楚前因后果，也不了解当事人的真实想法时，很容易产生误解。凡事只有多看、多问、多沟通，才能减少不必要的误解。作为旁观者，我们要通过看别人的故事增长自己经营婚姻家庭的智慧，心理学认为这属于被动学习，就是看别人的故事，自己虽然没有亲自经历，但依然获得很多经验。这也是这本书诞生的意义——不要单纯站在旁观者的立场角评价当事人，自己却没有成长。

幸福的童年治愈一生，不幸的童年需要一生去治愈。在离婚这场战役中，没有真正的赢家，孰是孰非并没有标准答案。原生家庭对一个人的影响毋庸置疑，物质财富并不能直接带给孩子幸福感，只有来自家人的爱和陪伴才会让孩子获得更多的自信、爱与快乐。在此，我们也强烈建议离异的家庭，无论孩子的抚养权归属哪一方，都不要让孩子失去跟另一方的联系，更不能阻止另一方看望孩子。如果真的爱孩子，就应当给予孩子尽可能多的来自父亲和母亲双方的爱。虽然父母之间的爱不在了，但父母与孩子之间的关系永远都在，父母切勿人为切断与孩子的联系，这样才能尽可能将离婚对孩子心理健康的消极影响降低。

心理学部分联合撰写人

史宇，原中国人民解放军总医院第三医学中心心理医生，本科毕业于中国人民解放军第四军医大学（2017年更名为"中国人民解放军空军军医大学"）临床医学专业，硕士毕业于北京师范大学发展心理研究院。中国心理卫生协会会员、中华医学会灾难医学分会青年委员、国家二级心理咨询师，多项863课题组成员，曾获2013年度"健康中国"风尚人物奖。中央电视台、中央人民广播电台、北京电视台、湖南卫视、北京交通广播电台、腾讯、爱奇艺等多家电台、电视台、网站特聘心理情感专家；《家庭医生》《心理月刊》《妈咪宝贝》等多家报刊杂志专栏作家。参与《是真的吗》《夜线》《平安365》《心理访谈》《等着我》《火星情报局》《拜托了妈妈》《我是大医生》《爱情保卫战》等节目的录制，有丰富的心理咨询经验及媒体工作经验。

马骋，国家二级心理咨询师，北京市心启航公益服务中心秘书长。中央电视台《今日说法》、北京电视台《第三调解室》《蜜蜂计划》、北京人民广播电台《1039都市调查组》等栏目特邀心理评论员。